ACTIVITY BOOK

DISCOVERING FRENCH

BLEU

- LISTENING ACTIVITIES
- WRITING ACTIVITIES
- READING AND CULTURE ACTIVITIES
- **POUR COMMUNIQUER** Communicative Expressions and Thematic Vocabulary

Jean-Paul Valette
Rebecca M. Valette

D.C. Heath and Company,
a Division of Houghton Mifflin Company

Overview

The **DISCOVERING FRENCH–BLEU** Activity Book is an integrated workbook that provides additional practice to allow students to build their control of French and develop French proficiency.

The activities provide guided communicative practice in meaningful contexts and frequent opportunity for self-expression.

Activity Book PE Copyright (ii)

D.C. Heath and Company, a Division of Houghton Mifflin Company

Copyright © 2001 by D.C. Heath and Company. a Division of Houghton Mifflin Company

Printed in the United States of America

International Standard Book Number: 0-618-04708-5

8 9 –MDO– 06 05 04 03

Contents

Contents, *continued*

To the Student

Your Activity Book is divided into nine units. Each unit has four sections:

Listening Activities

The Listening Activities (called Cassette Worksheets) have the pictures you will need to complete the recorded activities. The 36 lessons correspond to the 36 lessons in the student text. When you work with the Cassette Program, you will need your textbook as well as your Activity Book with you, so that you can follow along for the vocabulary sections and the À **votre tour** sections.

Writing Activities

The Writing Activities will give you the chance to develop your writing skills and put into practice what you have learned in class. The 36 lessons correspond to the 36 lessons in the student text. Starting in Unit 4, the exercises are coded to correspond to a particular *part* of the lesson. For example, **A** at the beginning of an exercise or group of exercises means that the material is related to the structures or vocabulary presented in Section A of that lesson. The last activity is called **Communication** and encourages you to express yourself in various additional communicative situations.

Reading and Culture Activities

The Reading and Culture Activities contain realia (illustrations and objects from real life) from French-speaking countries and various kinds of cultural activities. There is one set of activities for each unit in the student text.

Communicative Expressions and Thematic Vocabulary

The **Pour Communiquer** section summarizes all of the vocabulary introduced in the lessons of each unit. The words and expressions are grouped into categories that will make it easier for you to review the material.

UNITÉ 1
Bonjour!

 LISTENING ACTIVITIES
Leçons 1–4

 WRITING ACTIVITIES
Leçons 1–4

 READING AND CULTURE ACTIVITIES
Unité 1

 POUR *COMMUNIQUER*

Communicative Expressions and Thematic Vocabulary

Nom _____

Classe _____ Date _____

CASSETTE WORKSHEET Leçon 1 La rentrée

Section 1 **La rentrée** *(Back to school)*

A. *Compréhension orale.* Listening comprehension.

> *This is the first day of school. Students are greeting their friends and meeting new classmates.*
>
> PHILIPPE: Bonjour! Je m'appelle Philippe.
> STÉPHANIE: Et moi, je m'appelle Stéphanie.
> MARC: Je m'appelle Marc. Et toi?
> ISABELLE: Moi, je m'appelle Isabelle.
> JEAN-PAUL: Comment t'appelles-tu?
> NATHALIE: Je m'appelle Nathalie.
> JEAN-PAUL: Bonjour.
> NATHALIE: Bonjour.

B. *Écoutez et répétez.* Listen and repeat.

Section 2 **Qui est-ce?** *(Who is it?)*

C. *Compréhension orale.* Listening comprehension.

▶ (a.) François
   b. Frank

1. a. Nathalie
    b. Nicole

2. a. Sylvie
    b. Cécile

3. a. Jean-Claude
    b. Jean-Paul

4. a. Lucie
    b. Juliette

UNITÉ 1

CASSETTE WORKSHEET Leçon 1 (cont.)

D. *Compréhension orale.* Listening comprehension.

a. ____ Monsieur Fazère

b. ____ Olivier LeGrand

c. _1_ Florence Clément

d. ____ Madame Bertin

e. ____ Mademoiselle Lacour

f. ____ Charles Dumont

g. ____ Monsieur Martin

h. ____ Monsieur Ronchon

i. ____ Jeanne Dupont

E. *Compréhension orale.* Listening comprehension.

1. **a.** ____ Michèle   **b.** ____ Hélène

2. **a.** ____ Fatou   **b.** ____ Nicolas

3. **a.** ____ Paul   **b.** ____ Loriza

Section 3	**L'alphabet et les signes orthographiques**

(The alphabet and spelling marks)

F. *Écoutez et répétez.* Listen and repeat.

A B C D E F G H I J K L M
N O P Q R S T U V W X Y Z

G. *Écoutez et répétez.* Listen and repeat.

/ accent aigu   **Cécile**

\ accent grave   **Michèle**

∧ accent circonflexe **Jérôme**

•• tréma   **Noël**

ç cédille   **François**

CASSETTE WORKSHEET Leçon 1 (cont.)

H. *Écoutez et écrivez.* Listen and write.

1. __ __ __ __

2. __ __ __ __ __

3. __ __ __ __ __

4. __ __ __ __ __

5. __ __ __ __ __ __ __ __

| **Section 4** | **Les nombres de 0 à 10** *(Numbers from 0 to 10)* |

I. *Écoutez et répétez.* Listen and repeat.

0 (zéro)	**1** (un)	**2** (deux)	**3** (trois)	**4** (quatre)	**5** (cinq)
	6 (six)	**7** (sept)	**8** (huit)	**9** (neuf)	**10** (dix)

J. *Écoutez et écrivez.* Listen and write.

Éric: _____ __ - __ __ ____

Marie: _____ __ - __ __ ____

Jean-Jacques: _____ __ - __ __ ____

CASSETTE WORKSHEET Leçon 2 Tu es français?

Section 1 Tu es français? *(You're French?)*

A. *Compréhension orale*

> *It is the opening day of school and several of the students meet in the cafeteria at lunchtime. Marc discovers that not everyone is French.*
>
> | | |
> |---|---|
> | MARC: | Tu es français? |
> | JEAN-PAUL: | Oui, je suis français. |
> | MARC: | Et toi, Patrick, tu es français aussi? |
> | PATRICK: | Non! Je suis américain. Je suis de Boston. |
> | MARC: | Et toi, Stéphanie, tu es française ou américaine? |
> | STÉPHANIE: | Je suis française. |
> | MARC: | Tu es de Paris? |
> | STÉPHANIE: | Non, je suis de Fort-de-France. |
> | MARC: | Tu as de la chance! |

B. *Écoutez et répétez.* Listen and repeat.

Section 2 Quelle nationalité? *(What nationality?)*

C. *Compréhension orale*

		▶	1	2	3	4	5	6	7	8
A	**français**	✓								
B	**française**									

CASSETTE WORKSHEET   Leçon 2   (cont.)

D. *Compréhension orale*

	A	B	C	D	E	F
	anglais	**anglaise**	**américain**	**américaine**	**canadien**	**canadienne**
▶					✓	
1						
2						
3						
4						
5						
6						
7						

E. *Compréhension orale*

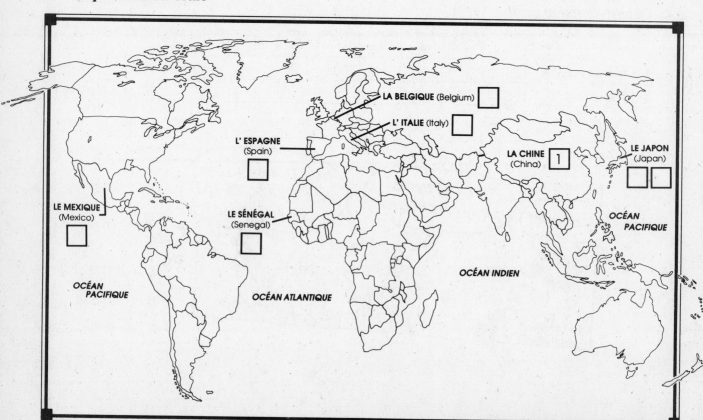

CASSETTE WORKSHEET **Leçon 2** (cont.)

Section 3 | **Les nombres de 10 à 20**

F. *Écoutez et répétez.* Listen and repeat.

> **10** (dix) **11** (onze) **12** (douze) **13** (treize) **14** (quatorze) **15** (quinze)
>
> **16** (seize) **17** (dix-sept) **18** (dix-huit) **19** (dix-neuf) **20** (vingt)

G. *Écoutez et écrivez.* Listen and write.

Philippe

Paul

François

Marc

Jérôme

Jean-Michel

Frédéric

Patrick

Robert

Thomas

CASSETTE WORKSHEET Leçon 2 (cont.)

| Section 4 | **Prononciation** |

H. *Les lettres muettes* (Silent letters)

Écoutez: **Paris**

In French, the last letter of a word is often not pronounced.

- Final "**e**" is always silent.

  Répétez: **Sophie Philippe Stéphanie anglaise française
  onze douze treize quatorze quinze seize**

- Final "**s**" is almost always silent.

  Répétez: **Paris Nicolas Jacques anglais français trois**

- The letter "**h**" is always silent.

  Répétez: **Hélène Henri Thomas Nathalie Catherine**

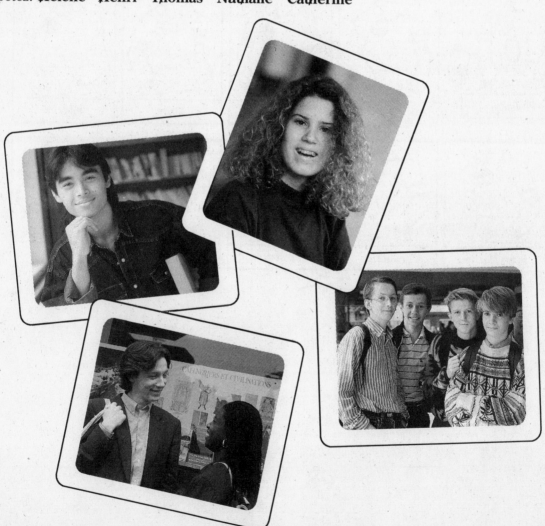

Nom _____

Classe _____ Date _____

CASSETTE WORKSHEET Leçon 3 Salut! Ça va?

| Section 1 | Salut! Ça va? |

A. *Compréhension orale*

On the way to school, François meets his friends.

FRANÇOIS: Salut, Isabelle!
ISABELLE: Salut! Ça va?
FRANÇOIS: Ça va! Merci!

FRANÇOIS: Salut, Nathalie! Ça va?
NATHALIE: Ça va bien! Et toi?
FRANÇOIS: Moi aussi.

ISABELLE: Ça va, Philippe?
PHILIPPE: Ah non! Zut! Ça va mal!

François also meets his teachers.

FRANÇOIS: Bonjour, monsieur.
M. MASSON: Bonjour, François.

FRANÇOIS: Bonjour, madame.
MME CHOLLET: Bonjour, François.

FRANÇOIS: Bonjour, mademoiselle.
MLLE LACOUR: Bonjour, François.

After class, François says good-bye to his teacher and his friends.
FRANÇOIS: Au revoir, mademoiselle.
MLLE LACOUR: Au revoir, François.

NATHALIE: Au revoir, François.
FRANÇOIS: Au revoir, Nathalie.

B. *Écoutez et répétez.* Listen and repeat.

| Section 2 | Ça va? |

C. *Compréhension orale*

Ça va bien!

Ça va très bien!

Ça va comme ci, comme ça.

a. ____   b. ____   c. ____

Ça va mal.

Ça va très mal.

d. ____   e. ____

UNITÉ 1

CASSETTE WORKSHEET Leçon 3 (cont.)

D. *Questions et réponses*

▶ —Ça va?

—Ça va comme ci, comme ça.

CASSETTE WORKSHEET Leçon 3 (cont.)

| Section 3 | Les nombres de 20 à 60 |

E. *Écoutez et répétez.* Listen and repeat.

20	21	22	23	24	25	26
27	28	29	30	31	32	33 . . .
40	41 . . .		44	45	46 . . .	
50	51 . . .		57	58	59	60

F. *Écoutez et écrivez.* Listen and write.

Louis Bertrand   __ __ . __ . __ . __ . __ . __

Marie-Claire Dulac   __ __ . __ . __ . __ . __ . __

Charles Leclerc   __ __ . __ . __ . __ . __ . __

Stéphanie Ladoux   __ __ . __ . __ . __ . __ . __

ALLÔ
CHIENS!
01.30.41.96.63

Le chien d'abord !

UNITÉ 1

CASSETTE WORKSHEET Leçon 3 (cont.)

| Section 4 | **Prononciation** |

G. *Les consonnes finales* (Final consonants)

Écoutez: uń deuẍ troiś

In French, the last consonant of a word is often not pronounced.

• Remember: Final "**s**" is usually silent.

  Répétez: **troiś françaiś anglaiś**

• Most other final consonants are usually silent.

  Répétez: **Richarḍ Alberṭ Roberṭ saluṭ
  américaiń canadień bień deuẍ**

EXCEPTION: The following final consonants are usually pronounced:
"**c**," "**f**," "**l**," and sometimes "**r**."

  Répétez: **Ériċ Danieŀ Lebeuḟ Pascaŀ Victoṛ**

However, the ending **-er** is usually pronounced /e/.

  Répetez: **Rogeṛ Olivieṛ**

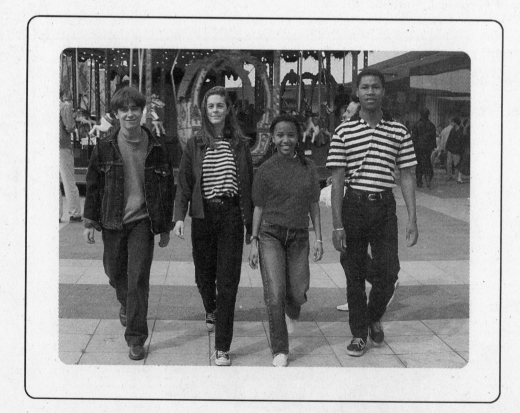

CASSETTE WORKSHEET Leçon 4 Le français pratique: L'heure

| Section 1 | **Dialogue A: Un rendez-vous** |

A. *Compréhension orale*

> *Jean-Paul and Stéphanie are sitting in a café. Stéphanie seems to be in a hurry to leave.*
>
> STÉPHANIE: Quelle heure est-il?
> JEAN-PAUL: Il est trois heures.
> STÉPHANIE: Trois heures?
> JEAN-PAUL: Oui, trois heures.
> STÉPHANIE: Oh là là. J'ai un rendez-vous avec David dans vingt minutes.
>   Au revoir, Jean-Paul.
> JEAN-PAUL: Au revoir, Stéphanie. À bientôt!

B. *Écoutez et répétez.*

| Section 2 | **Quelle heure est-il?** (Part 1) |

C. *Compréhension orale*

▶ **1.** **2.** **3.** **4.** **5.**

D. *Questions et réponses*

▶ **1.** **2.** **3.** **4.**

▶

Quelle heure est-il?

Il est
huit heures.

 5. **6.** **7.**

UNITÉ 1

CASSETTE WORKSHEET   Leçon 4 (cont.)

| Section 3 | **Dialogue B: À quelle heure est le film?** |

E. *Compréhension orale*

> *Stéphanie and David have decided to go to a movie.*
> STÉPHANIE: Quelle heure est-il?
> DAVID: Il est trois heures et demie.
> STÉPHANIE: Et à quelle heure est le film?
> DAVID: À quatre heures et quart.
> STÉPHANIE: Ça va. Nous avons le temps.

F. *Écoutez et répétez.*

| Section 4 | **Quelle heure est-il?** (Part 2) |

G. *Compréhension orale*

▶   1.   2.

3.   4.

H. *Questions et réponses*

▶   1.   2.   3.

4.   5.   6.

CASSETTE WORKSHEET Leçon 4 (cont.)

| Section 5 | À quelle heure? |

I. *Compréhension orale*

▶ le film   4 h 15

1. la classe de français   _____

2. le dîner   _____

3. le film   _____

4. le train de Toulouse   _____

| Section 6 | L'heure officielle |

J. *Compréhension orale*

▶ ┌─────────────┐
   │   17 h 00   │
   └─────────────┘

        – 12
   ┌─────────────┐
   │ 5:00 P.M. │
   └─────────────┘

1. ┌─────────────┐   **2.** ┌─────────────┐   **3.** ┌─────────────┐
       └─────────────┘   └─────────────┘   └─────────────┘

        – 12   – 12   – 12
   ┌─────────────┐   ┌─────────────┐   ┌─────────────┐
   └─────────────┘   └─────────────┘   └─────────────┘

À quelle heure est le train de Nice?

Le train de Nice est à six heures dix.

UNITÉ 1

CASSETTE WORKSHEET Leçon 4 (cont.)

À votre tour!

Section 1. Nathalie et Marc

Allez à la page 30. *Turn to page 30 in your Student Text.*

Section 2. Et toi?

Allez à la page 30.

Section 3. Conversation dirigée

Allez à la page 30.

Section 4. Minidialogues

Allez à la page 31.

WRITING ACTIVITIES Leçon 1 La rentrée

1. Au Club International

You have met the following young people at the Club International. Six of them have names of French origin. Circle these names. Then write them in the box below, separating the boys and the girls.

(Note: Don't forget the accent marks!)

Carlos Suárez   Mustapha Ibrahim
Birgit Eriksen   Jérôme Dupuis
Hélène Rémy   Janet Woodford
Jean-François Petit   Raúl González
Michiko Sato   Marie-Noëlle Lainé
Frédéric Lemaître   Svetlana Poliakoff
Heinz Mueller   Stéphanie Mercier

***Flash* culturel**

French is spoken not only in France. Today about thirty countries use French as their official language (or one of their official languages). Which continent has the largest number of French-speaking countries?

☐ Europe   ☐ Africa   ☐ Asia   ☐ South America

➜ page 20

UNITÉ 1

WRITING ACTIVITIES Leçon 1 (cont.)

2. Allô!

First write down your phone number and the numbers of two friends or relatives. Then write out the numbers as you would say them in French.

1. Moi

☐ ☐ ☐ - ☐ ☐ ☐ ☐

_____ / _____ / _____ / – / _____ / _____ / _____

2. Nom *(name)*: _____

☐ ☐ ☐ - ☐ ☐ ☐ ☐

_____ / _____ / _____ / – / _____ / _____ / _____

3. Nom *(name)*: _____

☐ ☐ ☐ - ☐ ☐ ☐ ☐

_____ / _____ / _____ / – / _____ / _____ / _____

3. ▢ Communication: En français!

On the bus you meet a new French student. Write out what you would say — in French!

1. *Say hello.*

_____

2. *Give your name.*

_____

3. *Ask the French student his/her name.*

_____

***Flash* culturel**

French is the official language in 25 African countries. The largest of these countries is Zaïre in central Africa. Other countries where French is spoken by many of the citizens are: Algeria, Tunisia, and Morocco in North Africa; Senegal and the Ivory Coast in West Africa; and the island of Madagascar off the coast of East Africa.

WRITING ACTIVITIES Leçon 2 Tu es français?

1. Présentations (Introductions)

The following people are introducing themselves, giving their names and their nationalities.
Complete what each one says.

Je m'appelle Cédric.

Je suis _____.

Je m'appelle Liz.

Je suis _____.

Je m'appelle Tina.

Je suis _____.

Je m'appelle Pierre.

Je suis _____.

Je m'appelle Bob.

Je suis _____.

Je m'appelle Véronique.

Je suis _____.

FLASH culturel

Martinique and Guadeloupe are two French-speaking islands in the
Caribbean. In which other Caribbean country is French spoken?

☐ Cuba   ☐ Puerto Rico   ☐ Haiti   ☐ The Dominican Republic

→ page 22

DISCOVERING
FRENCH – *BLEU*

UNITÉ 1

WRITING ACTIVITIES Leçon 2 (cont.)

2. Maths

Write out the answers to the following arithmetic problems.

▶ 4 + 7 = __onze__

1. 9 + 3 = _____

2. 8 + 6 = _____

3. 10 + 7 = _____

4. 17 + 2 = _____

5. 5 x 3 = _____

6. 2 x 10 = _____

3. 👥 Communication: En français!

You are at a party and have just met two French-speaking students: Philippe and Marie-Laure.

1. *Say hello to them.*

   _____

2. *Give your name.*

   _____

3. *Say that you are American.*

   _____

4. *Ask Philippe if he is French.*

   _____

5. *Ask Marie-Laure if she is Canadian.*

   _____

𝓕𝓛𝓐𝓢𝓗 culturel

Haiti is a former French colony. Toward the end of the eighteenth century, the black slaves who worked in the sugar cane plantations revolted against their French masters. In 1804, Haiti became an independent country. It is the first republic established by people of African origin.

Today French, which is the official language of Haiti, is spoken by many Haitians, along with Creole. Many people of Haitian origin live in the United States, especially in Florida, New York, and Boston. If you meet young Haitians, you might want to speak French with them.

Tarea de Ayer
Pag 19-20
_20-21_

Tarea para el fin
de semana pag. 22-23-24
_25_

Date _____

3 Salut! Ça va?

Loto (bingo)

You are playing Loto in Quebec. The numbers below have all been called. If you have these numbers on your card, circle them.

seize	**trente et un**	**vingt-deux**	**cinquante**	**quarante-neuf**	**quinze**
quarante	**trente-quatre**	**vingt-neuf**	**soixante**	**quarante-huit**	**douze**
cinquante-deux	**onze**	**dix-sept**	**vingt et un**	**vingt**	**trente-cinq**
trente-sept	**cinquante-six**	**sept**	**cinquante-quatre**		
cinquante-neuf	**trois**				

5	14	26	37	49
7	15	29	40	52
9	18	X	41	54
11	21	33	46	59
12	22	35	48	60

How many numbers did you circle? _____

How many rows of five did you score? _____

FLASH culturel

France is not the only European country where French is spoken. In which of the following countries do one fifth of the people speak French?

☐ Germany   ☐ Italy   ☐ Spain   ☐ Switzerland

➡ **page 24**

UNITÉ 1

WRITING ACTIVITIES Leçon 3 (cont.)

2. Bonjour!

The following people meet in the street. How do you think they will greet each other?
Fill in the bubbles with the appropriate expressions.

Caroline   Jérôme   Mme Mercier   Éric   Mlle Bellamy   M. Renaud

3. Ça va?

How do you think the following people would answer the question **Ça va?**

4. 👀 Communication: En français!

You have just enrolled in a French school as an exchange student.

1. On the way to school, you meet your friend Catherine.

   Say hello to her. _____

   Ask her how things are going. _____

2. Now you meet Mademoiselle Lebrun, your new music teacher.

   Say hello to her. _____

   Ask her how she is. _____

FLASH culturel

Although all of these countries border on France, only Switzerland has a sizeable French-speaking population. The main French-speaking city of Switzerland is Geneva **(Genève),** which is the headquarters of the International Red Cross and the seat of several other international organizations.

WRITING ACTIVITIES Leçon 4 Le français pratique: L'heure

1. Oui ou non?

Watches do not always work well. Read the times below and compare them with the times indicated on the watches. If the two times match, check **oui.** If they do not match, check **non.**

		oui	non
►	Il est une heure dix.	☐	☐
►	Il est une heure vingt-cinq.	☐	☐
1.	Il est deux heures et demie.	☐	☐
2.	Il est trois heures et quart.	☐	☐
3.	Il est cinq heures moins vingt.	☐	☐
4.	Il est sept heures moins le quart.	☐	☐
5.	Il est huit heures cinq.	☐	☐
6.	Il est onze heures cinquante-cinq.	☐	☐

𝕱*LASH* culturel

In many French-speaking countries, official time is given using a 24-hour clock. For example, on this Canadian TV schedule, the movie *Driving Miss Daisy* begins at 22 h 40 (**vingt-deux heures quarante**). What would be the corresponding time on our 12-hour clock?

☐ 2:40 P.M.   ☐ 8:40 P.M.   ☐ 9:40 P.M.   ☐ 10:40 P.M.

Super Écran

VENDREDI 22 MARS

14h50 LAWRENCE D'ARABIE
18h20 ONCLE BUCK
20h05 LES SIMPSON
21h00 TREMORS
22h40 MISS DAISY ET SON CHAUFFEUR

➡ **page 26**

UNITÉ 1

WRITING ACTIVITIES Leçon 4 (cont.)

2. Quelle heure est-il?

Stéphanie's watch is not working. Tell her what time it is. Write out your responses.

 1:00   1. _____

_____.

12:00   2. _____

_____.

3:15   3. _____

_____.

 7:30   4. _____

_____.

 8:45   5. _____

_____.

 10:50   6. _____

_____.

3. 👥 Communication: En français!

A. Conversation avec Caroline   You are in a café with your friend Caroline. You plan to see a movie together. Complete the dialogue.

CAROLINE: Quelle heure est-il?

YOU: _____
(Look at your watch and tell her the time.)

CAROLINE: À quelle heure est le film?

YOU: _____
(Name a time about half an hour from now.)

B. Conversation avec Julien   You are in a hurry to keep an appointment with Mme Pascal, your math teacher. You meet your friend Julien. Complete the dialogue.

YOU: _____
(Ask Julien what time it is.)

JULIEN: Il est onze heures dix. Pourquoi *(why)*?

YOU: _____ avec Madame Pascal.
(Say you have an appointment with Madame Pascal.)

JULIEN: À quelle heure?

YOU: _____
(Tell him at quarter past eleven, and say good-bye.)

FLASH culturel

With the 24-hour clock, times are expressed as follows:

• A.M. hours go from 0 h 01 (one minute after midnight) to 12 h 00 (noon).
• P.M. hours go from 12 h 01 to 24 h 00.

To calculate the P.M. equivalent of 24-hour clock times, simply subtract 12.

22 h 40 =
22:40 – 12 =
10:40 P.M.

Classe _____ Date _____

READING AND CULTURE ACTIVITIES Unité 1

A. En voyage *(On a trip)*

1. Why would you go to Le Napoli?
- ☐ To shop for food.
- ☐ To have dinner.
- ☐ To see a movie.
- ☐ To plan a trip to Italy.

> *Le Napoli*
>
> **Restaurant - Pizzéria
> Spécialités - Grillades**
>
> 7, Av. des Poilus - Place Cavet   ☎ 04 94 74 03 34
> 83110 Sanary-sur-mer

2. In which country is the Bonaparte located?
- ☐ In France.
- ☐ In Canada.
- ☐ In Switzerland.
- ☐ In Belgium.

> **RESTAURANT**
>
> **BONAPARTE**
> CUISINE DE FRANCE
> **443, rue St-François-Xavier
> Vieux-Montréal**
> *Reservations:* **844-4368**

3. Why would you call the number shown in this ad?
- ☐ To buy a train ticket.
- ☐ To rent a video.
- ☐ To have your phone repaired.
- ☐ To reserve a room.

> **HOTEL LES CLEMATITES****
>
> *18 chambres
> Télévision - Téléphone
> Plein centre Ville*
>
> 19, rue Vaugelas 74000 ANNECY
> Tél. 04.50.52.84.33 - Fax 04.50.45.49.06

4. Why did someone buy this ticket?
- ☐ To visit a historical site.
- ☐ To see a historical movie.
- ☐ To listen to classical music.
- ☐ To tour a battleship.

> **La COUVERTOIRADE**
> — AVEYRON —
> **MONUMENT HISTORIQUE**
>
> **ADULTE**
> Conservez votre ticket.   № 80810

UNITÉ 1

READING AND CULTURE ACTIVITIES   Unité 1 (cont.)

5. If you were in France, where would
you see this sign?
- ☐ In a train.
- ☐ In an elevator.
- ☐ On a highway.
- ☐ In a stadium.

6. If you were driving on this highway,
you would exit to the right . . .
- ☐ if you needed gas
- ☐ if you wanted to take pictures
- ☐ if you were looking for a campground
- ☐ if you were meeting a flight

READING AND CULTURE ACTIVITIES Unité 1 (cont.)

B. Carte de visite

Marie-Françoise Bellanger

photographe

47, rue du Four
Paris 6ᵉ   Tél. 01.42.21.30.15

A friend of yours has given you the calling card of her cousin in
France. Fill in the blanks below with the information that you can
find out about this cousin by reading the card.

- Last name _____
- First name _____
- City of residence _____
- Profession _____

READING AND CULTURE ACTIVITIES   Unité 1 (cont.)

C. Agenda

Look at the following page from Stéphanie's pocket calendar.

```
8 ..............................  14 ..............................
9 ..............................  15 ..............................
10 .............................  16 .............................         SAMEDI
11 .............................  17 .............................         21
12 .............................  18 .............................       (10) Octobre
13 .............................  19 .............................
                                                                        42ᵉ Semaine
```

OCT.

classe de piano   *10 h 00*

rendez-vous avec Jean-Paul 4h00

téléphoner à Christine   7h30

```
8 ..............................  14 ..............................
9 ..............................  15 ..............................
10 .............................  16 .............................
11 .............................  17 .............................
12 .............................  18 .............................
13 .............................  19 .............................
```

- What does Stéphanie have scheduled for Saturday morning at 10 A.M.?

  _____

- When is Stéphanie going to meet Jean-Paul?

  _____

- What is Stéphanie planning to do at 7:30?

  _____

POUR COMMUNIQUER

COMMUNICATIVE EXPRESSIONS AND THEMATIC VOCABULARY
Unité 1 Bonjour!

▶ CULTURAL CONTEXT: **Meeting people**

COMMUNICATIVE EXPRESSIONS

Greeting people
Bonjour!　　　　　　　　　**Au revoir!**
Salut!

Asking people how they are
(informally)　　　**Ça va?**　　　　　　　Ça va . . . .　│ **bien.**
　　　　　　　　　Comment vas-tu?　　　　　　　　│ **mal**
　　　　　　　　　　　　　　　　　　　　　　　　　│ **comme ci, comme ça**
(formally)　　　　**Comment allez-vous?**　　　　　│ **très bien**
　　　　　　　　　　　　　　　　　　　　　　　　　│ **très mal**

Asking a classmate's name
Comment t'appelles-tu?
　　Je m'appelle . . .

Asking a friend which city he/she is from
Tu es de [Boston]?
　　Je suis de [San Francisco].

Asking a friend about his/her nationality
Tu es . . . ?　　　　　**français**　　　　**française**
　　Je suis . . .　　　**anglais**　　　　**anglaise**
　　　　　　　　　　　américain　　　**américaine**
　　　　　　　　　　　canadien　　　　**canadienne**

Asking the time
Quelle heure est-il?
　　Il est . . .　　**une heure**　　　　　　　　**midi**
　　　　　　　　deux heures　　　　　　　　**minuit**
　　　　　　　　trois heures et quart　　　　**neuf heures du matin**
　　　　　　　　six heures et demie　　　　　**cinq heures de l'après-midi**
　　　　　　　　sept heures moins le quart　　**dix heures du soir**
　　　　　　　　huit heures dix
　　　　　　　　onze heures moins vingt

Asking at what time something begins
À quelle heure est . . . ?
　　　　— À quelle heure est le concert?
　　　　— Le concert est à huit heures.

Saying at what time you have an appointment or date
J'ai un rendez-vous à [quatre heures].

COMMUNICATIVE EXPRESSIONS AND THEMATIC VOCABULARY

VOCABULARY

Numbers: 0–60

zéro	dix	vingt	trente
un	onze	vingt et un	
deux	douze	vingt-deux	quarante
trois	treize	vingt-trois	
quatre	quatorze	vingt-quatre	cinquante
cinq	quinze	vingt-cinq	
six	seize	vingt-six	soixante
sept	dix-sept	vingt-sept	
huit	dix-huit	vingt-huit	
neuf	dix-neuf	vingt-neuf	

Other expressions

oui	et	moi	Monsieur
non	ou	et toi?	Madame
merci	aussi		Mademoiselle
zut!			

UNITÉ 2
Les copains et la famille

 LISTENING ACTIVITIES
Leçons 5–8

 WRITING ACTIVITIES
Leçons 5–8

 READING AND CULTURE ACTIVITIES
Unité 2

 POUR COMMUNIQUER

Communicative Expressions and Thematic Vocabulary

Nom _____

Classe _____ Date _____

CASSETTE WORKSHEET Leçon 5 Copain ou copine?

| Section 1 | Copain ou copine?

A. *Compréhension orale*

> *Today, Jean-Paul is visiting his friend Philippe. Philippe seems to be expecting someone.*
>
> PHILIPPE: Tiens! Voilà Dominique!
> JEAN-PAUL: Dominique? Qui est-ce? Un copain ou une copine?
> PHILIPPE: C'est une copine.
> PHILIPPE: Salut, Dominique! Ça va?
> DOMINIQUE: Oui, ça va! Et toi?
> JEAN-PAUL: C'est vrai! C'est une copine!

B. *Écoutez et répétez.*

| Section 2 | Qui est-ce?

C. *Compréhension orale*

	A	B	C	D	E	F
	un ami	**une amie**	**un copain**	**une copine**	**un prof**	**une prof**
▶				✔		
1						
2						
3						
4						
5						

D. *Questions et réponses*

▶ — Tiens, voilà Isabelle!
   — Qui est-ce?
   — **C'est une copine.**

1. un copain? une copine?   3. un ami? une amie?   5. un prof? une prof?

2. un copain? une copine?   4. un ami? une amie?

CASSETTE WORKSHEET Leçon 5 (cont.)

Section 3 | **Les nombres de 60 à 79**

E. *Écoutez et répétez.*

60	61	62	63	64	65	66	67	68	69
70	71	72	73	74	75	76	77	78	79

F. *Écoutez et écrivez.*

Jean-Michel Descroix ___ ___ . ___ ___ . ___ ___ . ___ ___

Christine Albert ___ ___ . ___ ___ . ___ ___ . ___ ___

Roger Boulanger ___ ___ . ___ ___ . ___ ___ . ___ ___

Mireille Chardin ___ ___ . ___ ___ . ___ ___ . ___ ___

Section 4 | **Prononciation**

G. *La liaison*

Écoutez: **un‿ami**
Répétez: **un‿ami   un‿Américain   un‿Anglais   un‿artiste**

In general, the "**n**" of **un** is silent. However, in the above words, the "**n**" of **un** is pronounced as if it were the first letter of the next word. The two words are linked together in LIAISON.

Liaison occurs between two words when the second one begins with a VOWEL SOUND, that is, with "**a**", "**e**", "**i**", "**o**", "**u**", and sometimes "**h**" and "**y**".

Contrastez et répétez:

   LIAISON: **un‿ami   un‿Américain   un‿Italien   un‿artiste**
  NO LIAISON: **un copain   un Français   un Canadien   un prof**

Classe _____ Date _____

CASSETTE WORKSHEET Leçon 6 Une coïncidence

> **Section 1** Une coïncidence

A. *Compréhension orale*

> *Isabelle is at a party with her new Canadian friend Mark. She wants him to meet some of the other guests.*
>
> ISABELLE: Tu connais la fille là-bas?
> MARC: Non. Qui est-ce?
> ISABELLE: C'est une copine. Elle s'appelle Juliette Savard.
> MARC: Elle est française?
> ISABELLE: Non, elle est canadienne. Elle est de Montréal.
> MARC: Moi aussi!
> ISABELLE: Quelle coïncidence!

B. *Écoutez et répétez.*

> **Section 2** Qui est-ce?

C. *Compréhension orale*

1. a. une amie   b. une copine
c. Denise   d. Danielle
e. américaine   f. canadienne
g. de Québec   h. de Montréal

2. a. un ami   b. un copain
c. américain   d. canadien
e. de Boston   f. de Baltimore
g. Patrick   h. Paul

D. *Questions et réponses*

▶ — Elle est française?   — Comment s'appelle-t-elle?
— **Oui, elle est française.**   — **Elle s'appelle Isabelle.**

▶ Isabelle   **1.** Marc   **2.** Philippe   **3.** Nathalie   **4.** Patrick

Nom _____

CASSETTE WORKSHEET Leçon 6 (cont.)

| **Section 3** | **Les nombres de 80 à 100** |

E. *Écoutez et répétez.*

> 80   81   82   83   84   85   86   87   88   89
>
> 90   91   92   93   94   95   96   97   98   99   100

F. *Écoutez et écrivez.*

Florence   Juliette   Philippe   Laure

[ ]   [ ]   [ ]   [ ]

Delphine   Julien   Olivier   Caroline

[ ]   [ ]   [ ]   [ ]

| **Section 4** | **Prononciation** |

G. *La voyelle nasale* /ɛ̃/

In French, there are three nasal vowel sounds.

Écoutez: **cinq onze trente**

Practice the sound /ɛ̃/ in the following words. Note that this vowel sound can have several different spellings.

➡ Be sure not to pronounce an "**n**" or "**m**" after the nasal vowel.

Répétez: "in"   ci**n**q qui**n**ze vi**n**gt vi**n**gt-ci**n**q
            quatre-vi**n**gt-qui**n**ze
     "ain"   america**in** Ala**in** copa**in**
     "(i)en" bie**n** canadie**n** tie**n**s!
     "un"   u**n**
     Tie**n**s! Voilà Ala**in**. Il est america**in**. Et Julie**n**?
            Il est canadie**n**.

UNITÉ 2

CASSETTE WORKSHEET Leçon 7 Les photos d'Isabelle

| Section 1 | Les photos d'Isabelle |

A. *Compréhension orale*

Isabelle is showing her family photo album to her friend Jean-Paul.

ISABELLE: Voici ma mère.

JEAN-PAUL: Et le monsieur, c'est ton père?

ISABELLE: Non, c'est mon oncle Thomas.

JEAN-PAUL: Et la fille, c'est ta cousine?

ISABELLE: Oui, c'est ma cousine Béatrice. Elle a seize ans.

JEAN-PAUL: Et le garçon, c'est ton cousin?

ISABELLE: Non, c'est un copain.

JEAN-PAUL: Un copain ou ton copain?

ISABELLE: Dis donc, Jean-Paul, tu es vraiment trop curieux!

B. *Écoutez et répétez.*

CASSETTE WORKSHEET Leçon 7 (cont.)

Section 2 | La famille d'Isabelle

C. *Compréhension orale*

a. _____ Papa
(mon père)

b. __1__ Maman
(ma mère)

c. _____ Papi
(mon grand-père)

d. _____ Mamie
(ma grand-mère)

e. _____ Nicolas
(mon frère)

f. _____ Valérie
(ma soeur)

g. _____ Médor
(mon chien)

h. _____ Félix
(mon chat)

i. _____ Oncle Thomas
(mon oncle)

j. _____ Tante Christine
(ma tante)

k. _____ Cédric
(mon cousin)

l. _____ Béatrice
(ma cousine)

CASSETTE WORKSHEET Leçon 7 (cont.)

| Section 3 | **Quel âge as-tu?** |

D. *Compréhension orale*

▶ Marc a __13__ ans.

1. Karen a ____ ans.

2. Pierre a ____ ans.

3. Jean-François a ____ ans.

4. Sylvie a ____ ans.

5. Annie a ____ ans.

6. Bernard a ____ ans.

E. *Compréhension orale*

1. Madame Galand a ____ ans.

2. Mademoiselle Rivière a ____ ans.

3. Monsieur Giraud a ____ ans.

4. Monsieur Pascal a ____ ans.

5. Madame Mercier a ____ ans.

UNITÉ 2

CASSETTE WORKSHEET   Leçon 7   (cont.)

F. *Questions et réponses*

1. 12
2. 16
3. 40
4. 38
5. 70
6. 72
7. 45
8. 43

Section 4	**Prononciation**

G. *Les voyelles nasales* / ã / *et* / ɔ̃ /

The letters **"an"** or **"en"** usually represent the nasal vowel / ã /. Be sure not
to pronounce an **"n"** after the nasal vowel.

Répétez: ans tante grand-père français
anglais quarante cinquante
trente comment Henri Laurent

The letters **"on"** represent the nasal vowel / ɔ̃ /. Be sure not to pronounce an
"n" after the nasal vowel.

  Répétez: non mon ton bonjour oncle
garçon onze

Contrastez: an—on tante—ton onze—ans
Mon oncle François a trente ans.

UNITÉ 2

CASSETTE WORKSHEET Leçon 8 Le français pratique: Le jour et la date

Section 1 **Quel jour est-ce?**

A. *Compréhension orale*

> *For many people, the days of the week are not all alike.*
>
> **Dialogue 1. Vendredi**
>
> PHILIPPE: Quel jour est-ce?
> STÉPHANIE: C'est vendredi!
> PHILIPPE: Super! Demain, c'est samedi!
>
> **Dialogue 2. Mercredi**
>
> NATHALIE: Ça va?
> MARC: Pas très bien.
> NATHALIE: Pourquoi?
> MARC: Aujourd'hui, c'est mercredi.
> NATHALIE: Et alors?
> MARC: Demain, c'est jeudi! Le jour de l'examen.
> NATHALIE: Zut! C'est vrai! Au revoir, Marc.
> MARC: Au revoir, Nathalie. À demain!

B. *Écoutez et répétez.*

Section 2 **Les jours de la semaine**

C. *Écoutez et écrivez.*

▶ Christine arrive mardi.

▶ Christine

1. Pauline

2. Bertrand

3. Céline

4. Didier

5. Agnès

6. Guillaume

7. Véronique

| a. lundi |
| b. mardi |
| c. mercredi |
| d. jeudi |
| e. vendredi |
| f. samedi |
| g. dimanche |

Aujourd'hui, c'est samedi?

Non, aujourd'hui, c'est dimanche!

UNITÉ 2

CASSETTE WORKSHEET   Leçon 8   (cont.)

| Section 3 | **Anniversaire** |

D. *Compréhension orale*

> *François wants to know when Isabelle's birthday is.*
>
> FRANÇOIS: C'est quand, ton anniversaire?
> ISABELLE: C'est le 18 mars!
> FRANÇOIS: Le 18 mars? Pas possible!
> ISABELLE: Si! Pourquoi?
> FRANÇOIS: C'est aussi mon anniversaire.
> ISABELLE: Quelle coïncidence!

E. *Écoutez et répétez.*

| Section 4 | **Quel jour est-ce?** |

F. *Compréhension orale*

▶ C'est le __2__ février.

1. C'est le _____ mars.

2. C'est le _____ juin.

3. C'est le _____ juillet.

4. C'est le _____ août.

5. C'est le _____ septembre.

6. C'est le _____ novembre.

CASSETTE WORKSHEET Leçon 8 (cont.)

G. *Questions et réponses*

▶ — Quel jour est-ce?
  — C'est le 5 décembre.

▶   1.   2.   3.

4.   5.   6.   7.

| **Section 5** | **C'est quand, votre anniversaire?** |

H. *Compréhension orale*

▶ Alice: le __18/7__

1. Béatrice: le _____

2. Françoise: le _____

3. Julie: le _____

4. Delphine: le _____

5. Denis: le _____

6. Paul: le _____

CASSETTE WORKSHEET **Leçon 8** (cont.)

À votre tour!

Section 1. Nathalie et Philippe
 Allez à la page 52.

Section 2. Et toi?
 Allez à la page 52.

Section 3. Conversation dirigée
 Allez à la page 52.

Christophe

Nathalie

UNITÉ 2

Nom _____

Classe _____ Date _____

WRITING ACTIVITIES Leçon 5 Copain ou copine?

1. Pour détectives

You have found a notebook in which several people are mentioned only by their initials. Read the descriptions and determine who is male and who is female. Circle the corresponding letter.

▶ J.G. est un journaliste français. Ⓜ F
▶ C.C. est une actrice italienne. M Ⓕ
1. B.H. est un musicien anglais. M F
2. V.C. est un pianiste. M F
3. S.F. est une photographe américaine. M F
4. E.M. est une artiste française. M F
5. P.N. est un excellent acteur. M F
6. T.B. est un artiste américain. M F
7. P.V. est un cousin de San Francisco. M F
8. V.U. est une cousine de Montréal. M F

2. Descriptions

Describe the following people. For each one, write two sentences using two different nouns from the box. Be sure to use **un** or **une** as appropriate.

garçon	ami	copain	monsieur	prof
fille	amie	copine	dame	prof

Christine ▶ *C'est une fille.* _____

Jean-François _____
_____

M. Martinot _____

Mme Pichon _____
_____

FLASH culturel

The **Tour de France** is an international bicycle race that is held in France every summer. How long does it last?

☐ 10 hours ☐ 24 hours ☐ 10 days ☐ 3 weeks

➜ **page 48**

WRITING ACTIVITIES Leçon 5 (cont.)

3. Les nombres

Fill in the six missing numbers in the grid. Then write out these numbers in French.

60		62	63	64
65	66	67		69
		72	73	74
75		77		79

- _____
- _____
- _____
- _____
- _____
- _____

4. Communication: En français!

1. You are walking in town with your French friend Catherine. Catherine waves hello to a girl on a bicycle.
    Ask Catherine who it is.

    _____

2. You see Jean-Louis who is sitting in a café.
    Point him out and tell Catherine that he is a friend.

    _____

3. You see your friend Juliette coming in your direction.
    Express your surprise and explain to Catherine who is approaching.

    _____

FLASH culturel

The **Tour de France** is the longest and most strenuous bicycle race in the world. It is divided into about 20 stages (or **étapes**) and lasts approximately three weeks. During the race, the participants cover about 3,000 kilometers, riding along the valleys and climbing the high mountains of France. The American cyclist Greg Lemond is a three-time winner of the **Tour de France**.

WRITING ACTIVITIES Leçon 6 Une coïncidence

1. *Le, la* ou *l'*?
Write **le, la,** or **l'** in front of the following nouns, as appropriate.

▶ <u>la</u> ___ copine

1. ____ garçon
3. ____ fille
5. ____ copain
7. ____ prof: M. Lenoir

2. ____ monsieur
4. ____ ami
6. ____ amie
8. ____ prof: Mme Dupin

2. Photos de vacances

Last summer you went on an international camping trip and took pictures
of some of your friends. Give each person's name and nationality.

▶ Il s'appelle Jim. _____

Il est anglais. _____

_____

_____

FLASH culturel

In the United States, there are many places that have names of
French origin. Which of the following states is named after a
French king?

☐ Georgia ☐ North Carolina ☐ Louisiana ☐ Virginia

→ **page 50**

UNITÉ 2

WRITING ACTIVITIES Leçon 6 (cont.)

3. Loto

Imagine that you are playing **Loto** in France. The following numbers have been called.
Read them carefully and put an "X" on the numbers that appear on your **Loto** card.

soixante-treize	soixante-quatre	quatorze	cinquante-trois	huit
quatre-vingt-douze	vingt-trois	quatre-vingt-neuf	soixante-quinze	
cinquante-huit	trente-sept	quarante-cinq	soixante-quatorze	seize
vingt et un	quatre-vingt-six	soixante-dix-huit	quatre-vingt-un	

Which row did you complete to
win **Loto:** the top, the middle, or
the bottom?

_____

Now write in digits the numbers
that were not on your card.

_____

		21		45			73	81	92
	17				53		74	86	95
8			39			64	78		99

4. À votre tour *(Your turn)*

Now it's your turn to call out the **Loto** numbers. Write out in French what you would say.

1. ㊆ _____   3. ㉗ _____   5. ㉙ _____

2. ㊷ _____   4. ㊽ _____   6. ㊾ _____

5. 🎭 Communication: Dialogues

Complete the following mini-dialogues by filling in the missing words.

1. —Philippe _____ français?   3. —_____ s'appelle _____ prof?

   —Non, _____ est canadien.   —_____ s'appelle Madame Vallée.

2. —Tu _____ le garçon là-bas?

   —Oui, c'est _____ copain.

🔲 *FLASH* culturel

Louisiana was named in honor of the French king Louis XIV
(1638–1715). Louisiana was once a French colony and extended
up the entire Mississippi basin. The U.S. purchased it from France
in 1803. Today, French is still spoken in the state of Louisiana by
some people in the "Cajun" areas.

WRITING ACTIVITIES Leçon 7 Les photos d'Isabelle

1. La famille de Catherine
Catherine has taken a picture of her family. Identify each of the people on the photograph.

▶ Suzanne est _____ la soeur _____ de Catherine.

1. M. Arnaud est _____ de Catherine.

2. Jean-Michel est _____ de Catherine.

3. Mme Laurent est _____ de Catherine.

4. Mme Arnaud est _____ de Catherine.

5. M. Laurent est _____ de Catherine.

6. Hugo, c'est _____ .

7. Mimi, c'est _____ .

FLASH culturel

At what age can a French teenager drive a car?

☐ 15   ☐ 16   ☐ 17   ☐ 18   → page 52

Nom _____

WRITING ACTIVITIES Leçon 7 (cont.)

2. *Mon ou ma?*

Philippe is talking about his friends and relatives, as well as other people
he knows. Complete his statements with **mon** or **ma,** as appropriate.

1. _____ cousine s'appelle Christine.

2. _____ frère est à Paris.

3. _____ copine Susan est anglaise.

4. _____ amie Cécile a seize ans.

5. _____ ami Jean-Pierre a quinze ans.

6. _____ prof d'anglais est américaine.

7. _____ prof d'histoire est canadien.

8. _____ mère est journaliste.

3. Quel âge?

Look at the years in which the following people were born. Then
complete the sentences below by giving each person's age.

1. (1987) Corinne _____ .

2. (1992) Jean-Philippe _____ .

3. (1978) Mademoiselle Richaume _____ .

4. (1965) Monsieur Lambert _____ .

4. Communication: En français!

1. *Tell how old you are.*

_____

2. *Ask a friend how old he/she is.*

_____

3. *Ask a friend how old his/her brother is.*

_____

FLASH **culturel**

In principle, you have to be 18 to get your driver's license in
France. However, if you take driving lessons in an authorized
school (**une auto-école**), you can drive at the age of 16 when
accompanied by a licensed adult.

WRITING ACTIVITIES   Leçon 8 Le français pratique: Le jour et la date

1. La semaine
Can you fit the seven days of the week into the following French puzzle?

1. | S | | | | | |
2. | | E | | | |
3. | | M | | | | | | |
4. | | A | | |
5. | | I | | | | | |
6. | | | N | | |
7. | | E | | | | | |

2. Les mois
Complete the grid with the names of the missing months.

janvier		mars
avril	mai	
		septembre
octobre	novembre	

FLASH culturel

In France, **le quatorze juillet** is a very important date. What do the French do on that day?

☐ They vote.   ☐ They celebrate their national holiday.
☐ They pay their taxes. ☐ They honor their war veterans.

→ **page 54**

UNITÉ 2

WRITING ACTIVITIES Leçon 8 (cont.)

3. Joyeux anniversaire! *(Happy birthday!)*

Ask five friends when their birthdays are. Write out the information in French on the chart below.

NOM	ANNIVERSAIRE
▶ David	le trois juillet
1. _____	_____
2. _____	_____
3. _____	_____
4. _____	_____
5. _____	_____

4. Communication: En français!

Answer the following questions in complete sentences.

1. Quel jour est-ce aujourd'hui?

_____

2. Et demain?

_____

3. Quelle est la date aujourd'hui?

_____

4. C'est quand ton anniversaire?

_____

Fête Nationale
mardi 14 juillet
à 22h

PARIS

Flash culturel

On July 14, or "Bastille Day" as it is known in the United States, the French celebrate their national holiday. On July 14, 1789, a Parisian mob stormed **la Bastille,** a state prison which had come to symbolize the king's tyranny. This important historical event marked the beginning of the French Revolution and led to the establishment of a republican form of government for the first time in French history.

READING AND CULTURE ACTIVITIES Unité 2

A. En voyage

1. CEEL is a language school in
Geneva. They teach four languages
including German **(allemand)**, which
is one of the official languages of
Switzerland. Which of the following
languages do they NOT teach?

☐ English.

☐ French.

☐ Spanish.

☐ Italian.

CEEL 19 rue du Prieuré, 1202 Genève ▪ Tél. 371 5612 - 371 5893

**ANGLAIS
ALLEMAND
ESPAGNOL
FRANÇAIS**

Tous niveaux de 2 à 20h par semaine

2. This brochure advertises a film festival
in Montreal. When is the festival
being held?

☐ Early spring.

☐ Early summer.

☐ Late summer.

☐ Late fall.

**FESTIVAL
DES FILMS
DU MONDE**

MONTREAL

21 AOÛT - 1er SEPT.

TRANSPORTEUR OFFICIEL
AIR CANADA 🍁

READING AND CULTURE ACTIVITIES   Unité 2 (cont.)

3. This is a card of phone numbers that was distributed in Strasbourg, France.

- You would dial 15 if you had . . .
  - ☐ a medical emergency
  - ☐ a problem with your telephone
  - ☐ a fire to report
  - ☐ a burglary to report

- To get a prescription filled,
  you would call . . .
  - ☐ 15
  - ☐ 18
  - ☐ 03.88.41.12.45
  - ☐ 03.88.61.54.13

- If you needed transportation to get
  to the airport, you would call . . .
  - ☐ 15
  - ☐ 18
  - ☐ 88.41.12.45
  - ☐ 88.61.54.13

NUMÉROS D'URGENCE

☎	**SAMU (Service d'Aide Médicale d'Urgence**	**15**
☎ POLICE	**POLICE**	**17**
☎	**POMPIERS**	**18**
☎	**PHARMACIE**	**03.88.41.12.45**
☎ TAXI	**TAXIS**	**03.88.61.54.13**

4. The following flyer was distributed in Paris.
- What does this flyer advertise?
  - ☐ A play.
  - ☐ A concert.
  - ☐ A piano recital.
  - ☐ A ballet.

- How many performances will there be?
  - ☐ 5
  - ☐ 8
  - ☐ 15
  - ☐ 50

- When is the last performance?
  - ☐ January 1.
  - ☐ June 1.
  - ☐ July 14.
  - ☐ November 8.

MAIRIE DE PARIS

**NOUVEAU THEATRE
MOUFFETARD**

73, rue Mouffetard Paris 5ᵉ   Métro Monge   Tél. 01.43.31.11.99

**50 représentations exceptionnelles
du 8 Novembre au 1ᵉʳ Janvier**

EMMANUEL DECHARTRE
CLAUDINE COSTER
ROBERT PARTY

**LE PRINCE
DE
HOMBOURG**

Tragédie romantique en 5 actes
de HEINRICH VON KLEIST

Mise en scène : Jacques MAUCLAIR

Version française de J. CURTIS
Musique originale de Greco CASADESUS

UNITÉ 2

READING AND CULTURE ACTIVITIES Unité 2 (cont.)

B. Les boutiques du Palais des Congrès

In this ad, the shops at the Paris Convention Center **(le Palais des Congrès)** are announcing a large sale. Look at the ad carefully.

• What is the French word for *sale?*

_____

• On what day does the sale begin?

_____

• On what day does the sale end?

_____

• Is there parking available? _____

For how many cars? _____

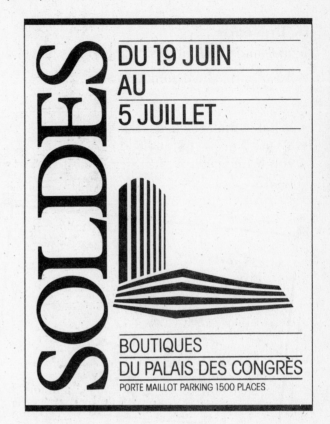

SOLDES

DU 19 JUIN
AU
5 JUILLET

BOUTIQUES
DU PALAIS DES CONGRÈS
PORTE MAILLOT PARKING 1500 PLACES

C. «Un bon patriote»

Look at this Paris ticket for "Un bon patriote."

• Where is the performance being held?

_____

• How much does the ticket cost?

_____

• What is the date on the ticket?

_____

• What day of the week is the performance?

_____

• What time does the performance begin?

_____

THEATRE NATIONAL
DE L'ODEON
UN BON PATRIOTE

cat 3   13,00 €   BAIGNOIRE
22/02/00   RANG 2
MARDI   20H00   B 08.004
02211801
TECFIDHER Paris

288644⁹

READING AND CULTURE ACTIVITIES Unité 2 (cont.)

D. Une carte

Jean-Claude bought this card and has just signed it.

• To whom is he planning to send it?

_____

• What is the special occasion?

_____

COMMUNICATIVE EXPRESSIONS AND THEMATIC VOCABULARY

Unité 2 Les copains et la famille

▶ CULTURAL CONTEXT: **Talking about people**

COMMUNICATIVE EXPRESSIONS

Introducing or pointing someone out
Voici . . .   Voilà . . .

Inquiring about people and mentioning their nationality
Tu connais . . . ?   Il est [français].
                               Elle est [française].

Qui est-ce?
  C'est . . .

Asking about someone's name and age
Comment s'appelle . . . ?   Quel âge as-tu?
  Il/Elle s'appelle . . .   J'ai [14] ans.

                               Quel âge a . . . ?
                                 Il/Elle a [15] ans.

Talking about days, dates, and birthdays
Quel jour est-ce?   Quelle est la date?
  C'est [mardi].   C'est le [10 novembre].
                                 C'est le premier [mai].

                               C'est quand, ton anniversaire?
                                 C'est le [2 juillet].

· ·

VOCABULARY

People, family members, pets

un garçon	une fille	un frère	une soeur	un chat
un ami	une amie	un cousin	une cousine	un chien
un copain	une copine			
		un père	une mère	
un monsieur	une dame	un oncle	une tante	
un prof	une prof	un grand-père	une grand-mère	

UNITÉ 2

COMMUNICATIVE EXPRESSIONS AND THEMATIC VOCABULARY

UNITÉ 2

VOCABULARY (continued)

Days and months

	un jour	un mois	
aujourd'hui	lundi	janvier	juillet
demain	mardi	février	août
	mercredi	mars	septembre
	jeudi	avril	octobre
	vendredi	mai	novembre
	samedi	juin	décembre
	dimanche		

Numbers: 60–100

soixante	soixante-dix	quatre-vingts	quatre-vingt-dix	cent
soixante et un	soixante et onze	quatre-vingt-un	quatre-vingt-onze	
soixante-deux	soixante-douze	quatre-vingt-deux	quatre-vingt-douze	
soixante-trois	soixante-treize	quatre-vingt-trois	quatre-vingt-treize	
soixante-quatre	soixante-quatorze	quatre-vingt-quatre	quatre-vingt-quatorze	
soixante-cinq	soixante-quinze	quatre-vingt-cinq	quatre-vingt-quinze	
soixante-six	soixante-seize	quatre-vingt-six	quatre-vingt-seize	
soixante-sept	soixante-dix-sept	quatre-vingt-sept	quatre-vingt-dix-sept	
soixante-huit	soixante-dix-huit	quatre-vingt-huit	quatre-vingt-dix-huit	
soixante-neuf	soixante-dix-neuf	quatre-vingt-neuf	quatre-vingt-dix-neuf	

Other expressions

un, une	tiens!
le, la, l'	à demain!
mon, ma	à samedi!
ton, ta	

UNITÉ 3
Bon appétit!

 LISTENING ACTIVITIES
Leçons 9–12

 WRITING ACTIVITIES
Leçons 9–12

 READING AND CULTURE ACTIVITIES
Unité 3

 POUR COMMUNIQUER

Communicative Expressions and Thematic Vocabulary

CASSETTE WORKSHEET Leçon 9 Tu as faim?

| Section 1 | Tu as faim? |

A. *Compréhension orale*

> *Pierre, Philippe, and Nathalie are on their way home from school. They stop to get
> something to eat. Today it is Pierre's turn to treat his friends.*
>
> **Scène 1. Pierre et Nathalie**
>
> PIERRE: Tu as faim?
> NATHALIE: Oui, j'ai faim.
> PIERRE: Qu'est-ce que tu veux, un sandwich ou une pizza?
> NATHALIE: Donne-moi une pizza, s'il te plaît.
> PIERRE: Voilà.
> NATHALIE: Merci.
>
> **Scène 2. Pierre et Philippe**
>
> PIERRE: Et toi, Philippe, tu as faim?
> PHILIPPE: Oh là, là, oui, j'ai faim.
> PIERRE: Qu'est-ce que tu veux, un sandwich ou une pizza?
> PHILIPPE: Je voudrais un sandwich . . . euh . . . et donne-moi aussi une pizza.
> PIERRE: C'est vrai! Tu as vraiment faim!

B. *Écoutez et répétez.*

| Section 2 | Je voudrais . . . |

C. *Compréhension orale*

a. ____ trois croissants

b. ____ une glace à la vanille

c. ____ un hot dog

d. _1_ un sandwich

e. ____ un sandwich au jambon et un sandwich au pâté

f. ____ un steak-frites et une salade

D. *Compréhension orale*

a. ____ l'Express

b. ____ 20 euros

c. ____ un album d'Astérix

d. ____ un ticket de métro

Nom _____

■ **DISCOVERING**
FRENCH – BLEU

CASSETTE WORKSHEET Leçon 9 (cont.)

| Section 3 | Au café |

E. *Questions et réponses*

▶ —Tu veux un sandwich ou une pizza?
—Je voudrais un sandwich.

1.   **2.**   **3.**   **4.**   **5.**

| Section 4 | Prononciation |

F. *L'intonation*

Écoutez: **Voici un steak . . . et une salade.**

When you speak, your voice rises and falls. This is called INTONATION. In French, as in English, your voice goes down at the end of a statement. However, in French, your voice rises after each group of words in the middle of a sentence. (This is the opposite of English, where your voice drops a little when you pause in the middle of a sentence.)

Répétez: **Je voudrais une pizza.**

Je voudrais une pizza et un sandwich.

Je voudrais une pizza, un sandwich et un hamburger.

Voici un steak.

Voici un steak et une salade.

© D.C. Heath and Company. All rights reserved.

64 UNITÉ 3, Leçon 9 ■ Listening Activities

Nom _____

Classe _____ Date _____

CASSETTE WORKSHEET Leçon 10 Au café

| Section 1 | **Au café** |

A. *Compréhension orale*

Jean-Paul and Isabelle are tired and thirsty after an afternoon of shopping. Jean-Paul invites Isabelle to a café.

Scène 1

JEAN-PAUL: Tu as soif?
ISABELLE: Oui, j'ai soif.
JEAN-PAUL: On va dans un café? Je t'invite.
ISABELLE: D'accord!

Scène 2

LE GARÇON: Vous désirez, mademoiselle?
ISABELLE: Un jus d'orange, s'il vous plaît.
LE GARÇON: Et vous, monsieur?
JEAN-PAUL: Hmmm . . . Donnez-moi une limonade, s'il vous plaît.

Scène 3

LE GARÇON: La limonade, c'est pour vous, mademoiselle?
JEAN-PAUL: Non, c'est pour moi.
LE GARÇON: Ah, excusez-moi. Voici le jus d'orange, mademoiselle.
ISABELLE: Merci.

B. *Écoutez et répétez.*

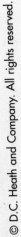

CASSETTE WORKSHEET Leçon 10 (cont.)

Section 2 *S'il vous plaît ou s'il te plaît?*

C. *Compréhension orale*

How to say *please:*

Formal form: **s'il vous plaît**

ISABELLE: Un jus d'orange, s'il vous plaît.
JEAN-PAUL: Donnez-moi une limonade, s'il vous plaît.

Informal form: **s'il te plaît**

JEAN-PAUL: Donne-moi un soda, s'il te plaît.

D. *Écoutez et écrivez.*

1

a. _____ s'il vous plaît

b. _____ s'il te plaît

2

a. _____ s'il vous plaît

b. _____ s'il te plaît

3

a. _____ s'il vous plaît

b. _____ s'il te plaît

4

a. _____ s'il vous plaît

b. _____ s'il te plaît

5

a. _____ s'il vous plaît

b. _____ s'il te plaît

6

a. _____ s'il vous plaît

b. _____ s'il te plaît

7

a. _____ s'il vous plaît

b. _____ s'il te plaît

8

a. _____ s'il vous plaît

b. _____ s'il te plaît

9

a. _____ s'il vous plaît

b. _____ s'il te plaît

10

a. _____ s'il vous plaît

b. _____ s'il te plaît

UNITÉ 3

CASSETTE WORKSHEET Leçon 10 (cont.)

Section 3 | S'il te plaît, donne-moi . . .

E. *Questions et réponses*

▶ — Tu veux un café ou un thé?
— S'il te plaît, donne-moi un café.

Section 4 | Vous désirez?

F. *Questions et réponses*

▶ — Vous désirez?
— Je voudrais un thé, s'il vous plaît.

UNITÉ 3

CASSETTE WORKSHEET Leçon 10 (cont.)

| Section 5 | **Prononciation** |

G. *L'accent final*

Écoutez: **un choco<u>lat</u>**

In French, the rhythm is very even and the accent always falls on the *last* syllable of a word or group of words.

Répétez: **Phil<u>ippe</u> <u>Thomas</u> Al<u>ice</u> So<u>phie</u> Domin<u>ique</u>**
un ca<u>fé</u>   Je voudrais un ca<u>fé</u>.
une sa<u>lade</u>   Donnez-moi une sa<u>lade</u>.
un choco<u>lat</u> Donne-moi un choco<u>lat</u>.

UNITÉ 3

CASSETTE WORKSHEET Leçon 11 Ça fait combien?

| Section 1 | Ça fait combien? |

A. *Compréhension orale*

> *At the café, Jean-Paul and Isabelle are ready to leave. Jean-Paul calls the waiter so he can pay the check.*
>
> JEAN-PAUL: S'il vous plaît?
> LE GARÇON: Oui, monsieur.
> JEAN-PAUL: Ça fait combien?
> LE GARÇON: Voyons, un jus d'orange, 2 euros, et une limonade, 1 euro. Ça fait 3 euros.
> JEAN-PAUL: 3 euros . . .Très bien . . .Zut! Où est mon porte-monnaie . . .? Dis, Isabelle, prête-moi 5 euros, s'il te plaît.

B. *Écoutez et répétez.*

| Section 2 | C'est combien? |

C. *Compréhension orale*

▶ _60_ euros

1. _____ euros

2. _____ euros

3. _____ euros

4. _____ euros

5. _____ euros

ÇA FAIT COMBIEN?

UNITÉ 3

CASSETTE WORKSHEET Leçon 11 (cont.)

| Section 3 | **Au café** |

D. *Questions et réponses*

Café des Sports

Sandwich 3€₀₀

Soda   2€₀₀

1.

2.

3.

4.

| Section 4 | **Prononciation** |

E. *La consonne "r"*

Écoutez: **Ma**r**ie**

The French consonant "**r**" is not at all like the English "**r**". It is pronounced at the back of the throat. In fact, it is similar to the Spanish "jota" sound of José.

Répétez: **Ma**r**ie Pa**r**is o**r**ange Hen**r**i**
        fr**anc t**r**ès c**r**oissant f**r**omage**
        bonjour** pou**r** Pie**rr**e qua**r**t**
        Robe**r**t R**ichard R**enée R**aoul**
        Mar**ie, p**r**ête-moi t**r**ente f**r**ancs.**

Nom _____

Classe _____ Date _____

CASSETTE WORKSHEET Leçon 12 Le français pratique: Le temps

| Section 1 | Le temps

A. *Compréhension orale*

It is nine o'clock Sunday morning. Cécile and her brother Philippe have planned a picnic for the whole family. Cécile is asking about the weather.

CÉCILE: Quel temps fait-il?

PHILIPPE: Il fait mauvais!

CÉCILE: Il fait mauvais?

PHILIPPE: Oui, il fait mauvais! Regarde! Il pleut!

CÉCILE: Oh, zut, zut et zut!

PHILIPPE: !!!???

CÉCILE: Et le pique-nique?

PHILIPPE: Le pique-nique? Ah, oui, le pique-nique! . . . Écoute, ça n'a pas d'importance.

CÉCILE: Pourquoi?

PHILIPPE: Pourquoi? Parce que Papa va nous inviter au restaurant.

CÉCILE: Super!

B. *Écoutez et répétez.*

| Section 2 | **Quel temps fait-il?**

C. *Compréhension orale*

UNITÉ 3

CASSETTE WORKSHEET Leçon 12 (cont.)

D. *Questions et réponses*

À votre tour!

Section 1. Isabelle et Jean-Paul

Allez à la page 72.

Section 2. Et toi?

Allez à la page 72.

Section 3. Conversation dirigée

Allez à la page 72.

UNITÉ 3

Nom _____

Classe _____ Date _____

WRITING ACTIVITIES Leçon 9 Tu as faim?

1. *Un ou une?*
Complete the names of the following foods with **un** or **une,** as appropriate.

   1. _____ sandwich

   2. _____ pizza

   3. _____ steak

   4. _____ crêpe

   5. _____ steak-frites

   6. _____ salade

   7. _____ croissant

   8. _____ omelette

2. Conversations
Complete the conversations with expressions from the box.

1. —Tu as faim?

   —Oui, _____ faim.

2. —Qu'est-ce que _____ ?

   —Je _____ une glace.

3. —S'il te plaît, _____ un sandwich.

   —Voilà un sandwich.

   —_____ !

```
merci
tu veux
j'ai
je voudrais
donne-moi
```

UNITÉ 3

FLASH culturel

Camembert, brie, and roquefort are all products of French origin.
What are they?

☐ pastries   ☐ cheeses   ☐ perfumes   ☐ crackers

➜ page 74

WRITING ACTIVITIES Leçon 9 (cont.)

3. ⬛⬛ Communication: En français!

A. You have invited your French friend Philippe to your home.

1. *Ask Philippe if he is hungry.*

_____

2. *Ask him if he wants a sandwich.*

_____

3. *Ask him if he wants an ice cream cone.*

_____

B. You are in a French restaurant with a friend.

1. *Tell your friend that you are hungry.*

_____

2. *Tell her what type of food you would like to have.*

_____

⌐LASH culturel

France produces over 400 varieties of cheese, among which **camembert, brie,** and **roquefort** are the best known. In a traditional French meal, cheese is served as a separate course, after the salad and before the dessert. It is eaten with bread, and occasionally with butter.

UNITÉ 3

Nom _____

Classe _____   Date _____

WRITING ACTIVITIES   Leçon 10   Au café

1. Les boissons

Find the French names of eight beverages in the following grid. The names can be read horizontally, vertically, or diagonally. Then list these beverages, using **un** or **une,** as appropriate.

J	O	J	B	M	N	C	I	X	Y	A	Z
M	Ü	U	R	E	W	H	L	Q	B	C	F
J	U	S	D	E	T	O	M	A	T	E	R
K	V	D	D	L	G	C	C	U	K	N	Z
X	D	E	A	E	L	O	H	T	L	Z	C
Y	B	P	A	F	R	L	C	H	X	T	P
Z	S	O	D	A	C	A	F	É	J	M	B
O	N	M	C	K	B	T	I	N	K	A	Y
L	I	M	O	N	A	D	E	S	D	O	C
S	Q	E	T	F	I	P	D	V	I	G	L
H	T	W	M	R	O	S	Y	I	U	N	J

• _____

• _____

• _____

• _____

• _____

• _____

• _____

• _____

2. Mes préférences

In the chart below, list which three of the above beverages you like the best and which three you like the least.

1. _____   4. _____

2. _____   5. _____

3. _____   6. _____

*F*LASH culturel

Which of the following beverages is most likely to be served with a French meal?

☐ milk   ☐ coffee   ☐ iced tea   ☐ mineral water

→ **page 76**

WRITING ACTIVITIES Leçon 10 (cont.)

3. 👥 Communication: En français!

A. Your French friend Marc has dropped by your house.

1. *Ask him if he is thirsty.*

_____

2. *Ask him if he wants a soda or a glass of orange juice.*

_____

B. You are in a French café with a friend.

1. *Tell your friend that you are thirsty.*

_____

2. *Tell the waiter (or waitress) to bring you a beverage of your choice.*

_____

C'est original, c'est Perrier.

perrier

SOURCES St Galmier
BADOIT
EAU MINERALE
naturelle
GAZEUSE
100cl

EAU MINERALE NATURELLE
Vittel
Grande Source

🔲 **F**LASH **culturel**

The French drink a lot of mineral water. In fact, they have the highest consumption of mineral water in the world: about 60 liters per person per year. These mineral waters, some plain and some carbonated, come from natural springs in various parts of the country and are widely exported. The best known are Évian, Vittel, Perrier, and Vichy.

UNITÉ 3

WRITING ACTIVITIES Leçon 11 Ça fait combien?

1. C'est combien?

Identify the items pictured and give their prices.

▶   *Voici un sandwich.*

 2€ *Il coûte deux euros*

1. 1€ _____

   _____

2. 3€50 _____

   _____

3. 3€35 _____

   _____

4. 6€45 _____

   _____

5. 2€20 _____

   _____

6. 4€60 _____

   _____

FLASH culturel

The backs of the euro bills are illustrated with pictures of bridges. Which bill has the most modern bridge?

☐ 10 euro note ☐ 50 euro note ☐ 100 euro note ☐ 500 euro note

→ page 78

UNITÉ 3

WRITING ACTIVITIES Leçon 11 (cont.)

2. Communication: En français!

Imagine that you are at Le Rallye with two French friends, Olivier and Valérie.

Use the menu to write out the following conversation (in French, of course!).

Le Rallye

Boissons		**Sandwichs**	
Café	2€	Sandwich au jambon	3€50
Thé	2€	Sandwich au fromage	3€50
Chocolat	2€50	**Et aussi:**	
Soda	2€50	Croissant	2€
Limonade	2€25	Pizza	3€
Jus d'orange	2€50	Salade	2€50
Eau minérale	1€50	Omelette	3€50
Glaces		Hamburger	4€
Glace au café	2€50	Steak	5€50
Glace à la vanille	2€50	Steak-Frites	6€50

LE GARÇON: _____

May I help you?

TOI: _____

I would like [a food and a beverage].

VALÉRIE: _____

Please give me [a food and a beverage].

OLIVIER: _____

I would like [a food and a beverage], please.

TOI: _____

How much does that come to?

LE GARÇON: _____

That comes to [the price of what was ordered].

TOI: _____

Hey, Olivier, loan me ten euros, please.

FLASH culturel

The bills are sequenced so that the styles of bridges go from the oldest (5 euro note) to the most modern (500 euro note).

The 500 € bill

Nom _____

Classe _____ Date _____

WRITING ACTIVITIES Leçon 12 Le français pratique: Le temps

1. Les quatre saisons

Write the names of the seasons associated with the following pictures.

_____ _____ _____ _____

2. La météo *(Weather report)*

Look at the map of France and describe the weather in the cities indicated below.

1. À Pau, _____ . 5. À Annecy, _____ .

2. À Nice, _____ . 6. À Saint Malo, _____ .

3. À Bordeaux, _____ . 7. À Paris, _____ .

4. À Strasbourg, _____ .

FLASH culturel

If you went to France for Christmas vacation, what kind of weather should you expect?

☐ rain   ☐ snow   ☐ cold weather   ☐ mild weather   ➡ **page 80**

UNITÉ 3

WRITING ACTIVITIES Leçon 12 (cont.)

3. 👥 Communication: Quel temps fait-il?

Describe the weather in the city where you live.

1. Aujourd'hui, _____.

2. En été, _____.

3. En automne, _____.

4. En hiver, _____.

5. Au printemps, _____.

4. 👥 Communication: As-tu faim? As-tu soif?

When we go to a café, what we order often depends on the weather. Read each of the weather descriptions and then indicate what you would like to eat and/or drink.

Le Temps		**Au Café**
	S'il vous plaît, . . .	
▶ Il fait froid.	donnez-moi	*un croissant et un chocolat* .
1. Il fait chaud.	donnez-moi	_____.
2. Il pleut.	donnez-moi	_____.
3. Il neige.	donnez-moi	_____.
4. Il fait frais.	donnez-moi	_____.

FLASH culturel

Since France is very geographically diverse, winter weather varies from region to region. It may snow and be quite cold in the Alps, the Pyrenees, and the mountains of central France. The weather may be rather mild along the Mediterranean and in southern France. In the rest of the country it may be cool and sometimes rainy.

UNITÉ 3

READING AND CULTURE ACTIVITIES Unité 3

A. Le petit déjeuner

Read the breakfast request that Monsieur Chardon hung on the doorknob of his hotel room.

1. When does M. Chardon want his breakfast served?
- ☐ Before 7 A.M.
- ☐ Around 7:15 A.M.
- ☐ Around 7:45 A.M.
- ☐ He does not say.

2. What kind of juice is he ordering?
- ☐ Orange juice.
- ☐ Grapefruit juice.
- ☐ Apple juice.
- ☐ Tomato juice.

3. What does he want to eat?
- ☐ Toast.
- ☐ A muffin.
- ☐ A croissant.
- ☐ A Danish pastry.

4. What hot beverage is he ordering?
- ☐ Coffee.
- ☐ Hot chocolate.
- ☐ Tea with lemon.
- ☐ Tea with milk.

S.V.P. accrocher cette carte à la poignée extérieur de votre porte avant 2h.

BONNE NUIT · HILTON · DORMEZ BIEN

Nous vous suggérons de choisir votre petit déjeuner dès maintenant

Nom (en lettres moulées): *CHARDON*

No de chambre: *89*   Nbre de personnes: *1*

Servir entre

☐ 6:30 — 7:00	☐ 8:00 — 8:30	☐ 9:30 — 10:00
☑ 7:00 — 7:30	☐ 8:30 — 9:00	☐ 10:00 — 10:30
☐ 7:30 — 8:00	☐ 9:00 — 9:30	☐ 10:30 — 11:00

LE CONTINENTAL

Votre choix de
☑ Jus d'orange frais   ou ☐ Jus de pamplemousse   ou ☐ Jus de pomme
☐ Jus de tomate

☐ Croissant   ou ☑ Pâtisserie danoise
☐ Muffin

☑ Café   ☐ Thé avec lait   ☐ Lait
☐ Décaféiné   ☐ Thé avec citron   ☐ Chocolat chaud

Nom _____

READING AND CULTURE ACTIVITIES Unité 3 (cont.)

B. La météo

La météo en bref:
23 janvier

Dans le nord de la France
il fait assez froid.

Dans la région parisienne,
il pleut.

Dans les Alpes, il neige.

Cependant sur la Côte d'Azur,
à Nice et à Cannes, il fait
beau temps.

1. What is the weather like in Paris?
☐ It's sunny.
☐ It's windy.
☐ It's rainy.
☐ It's snowing.

2. What is the weather like in the Alps?
☐ It's sunny.
☐ It's windy.
☐ It's rainy.
☐ It's snowing.

3. What is the weather like in Nice?
☐ It's sunny.
☐ It's windy.
☐ It's rainy.
☐ It's snowing.

READING AND CULTURE ACTIVITIES Unité 3 (cont.)

C. À la Terrasse Mailloux

The Terrasse Mailloux is a restaurant in Quebec City. This morning you visited the Citadelle with a classmate, and now you have stopped at the Terrasse Mailloux for lunch.

Together with your classmate, read the menu carefully and select three dishes that you will each have.

- Write down the dishes you have selected.

- Then enter the prices for what you have chosen and total up each bill.

MOI		MON COPAIN/MA COPINE	
PLAT	**PRIX**	**PLAT**	**PRIX**
_____	_____	_____	_____
_____	_____	_____	_____
_____	_____	_____	_____
TOTAL	_____	**TOTAL**	_____

Terrasse Mailloux

entrées

Frites (French fries)	0.80
Frites avec sauce hot chicken	1.00
(French fries with hot chicken sauce)	
Frites avec sauce spaghetti	1.65
(French fries with spaghetti sauce)	
Oignons français (Onion rings)	1.50

salades

Au poulet (Chicken)	3.95
Au homard (en saison)	9.50
Lobster (in season)	
Salade du chef (Chef's salad)	1.50

pizza 9''

Fromage (Cheese)	3.25
Pepperoni	3.75
Garnie (All dressed)	4.25

sandwichs
(servis avec frites et salade de choux)
(served with French fries and cole slaw)

Salade aux oeufs (Egg salad)	2.00
Jambon (Ham)	2.50
Poulet (Chicken)	2.25
Tomates et bacon (Tomato & bacon)	2.50
Croque Monsieur	3.25

desserts

Salade de fruits (Fruit salad)	1.25
Tartes (Pies)	1.00
Gâteau moka (Mocha cake)	1.50
Gâteau Forêt Noire (Black Forest cake)	1.75

COMMUNICATIVE EXPRESSIONS AND THEMATIC VOCABULARY
Unité 3 Bon appétit!

▶ CULTURAL CONTEXT: **Having a snack in France**

COMMUNICATIVE EXPRESSIONS

Saying that you are hungry or thirsty
J'ai faim.   **J'ai soif.**
Tu as faim?   **Tu as soif?**

Offering a friend something
Tu veux . . . ?
Qu'est-ce que tu veux?

Asking a friend for something
Je voudrais . . .   **s'il te plaît**
Donne-moi . . .
Prête-moi . . .

Ordering in a café
Vous désirez?
Je voudrais . . .   **s'il vous plaît**

Asking how much something costs
C'est combien?
Ça fait combien?
Ça fait [50 euros, 20 centimes].

Combien coûte [un sandwich/une pizza]?
Il/Elle coûte . . .

Talking about the weather
Quel temps fait-il?
Il fait | **beau.**   **Il neige.**
            bon   **Il pleut.**
            chaud
            frais
            froid
            mauvais

COMMUNICATIVE EXPRESSIONS AND THEMATIC VOCABULARY

VOCABULARY

Foods you can order in a café

un croissant	une crêpe
un hamburger	une glace
un hot dog	une omelette
un sandwich	une pizza
un steak	une salade
un steak-frites	

Beverages you can order in a café

un café	une limonade
un chocolat	
un thé	

un jus d'orange
un jus de pomme
un jus de raisin
un jus de tomate
un soda

The seasons

l'automne	en automne
l'été	en été
l'hiver	en hiver
le printemps	au printemps

UNITÉ 4
Qu'est-ce qu'on fait?

 **LISTENING
ACTIVITIES**
Leçons 13–16

 **WRITING
ACTIVITIES**
Leçons 13–16

 **READING
AND CULTURE
ACTIVITIES**
Unité 4

 POUR
COMMUNIQUER

**Communicative Expressions
and Thematic Vocabulary**

CASSETTE WORKSHEET Leçon 13 Le français pratique: Mes activités

Section 1 Préférences

A. *Écoutez et répétez.*

  Allez à la page 90.

Section 2 J'aime téléphoner

B. *Compréhension orale*

a. ____ danser

b. ____ écouter la musique

c. ____ jouer au tennis

d. ____ jouer au volley

e. ____ manger

f. ____ nager

g. ____ parler anglais

h. ____ regarder la télé

i. __1__ téléphoner

j. ____ voyager

UNITÉ 4

CASSETTE WORKSHEET   Leçon 13 (cont.)

Section 3 | **Tu aimes écouter la radio?**

C. *Questions et réponses*

▶ —Tu aimes écouter la radio?
  —Oui, j'aime écouter la radio.
  (Non, je n'aime pas écouter la radio.)

UNITÉ 4

CASSETTE WORKSHEET Leçon 13 (cont.)

D. *Questions*

▶ —Quelle est la question?
 —**Tu aimes écouter la radio?**

 1.

 2.

 3.

 4.

 5.

 6.

 7.

| Section 4 | Invitations |

E. *Compréhension orale*

1. At a party.   a. ____ accepts   b. ____ declines

2. By the tennis courts. a. ____ accepts   b. ____ declines

3. At home.   a. ____ accepts   b. ____ declines

Est-ce que vous allez aller
au cinéma?

UNITÉ 4

DISCOVERING
FRENCH – *BLEU*

CASSETTE WORKSHEET   Leçon 13   (cont.)

| Section 5 | Dialogue: Tennis? |

F. *Écoutez et écrivez.*

1. Quelle est la question de Nicolas?

«Est-ce que tu _____ avec moi?»

2. Quelle est la réponse de Jean-Claude?

«Je _____ , mais je _____.»

3. Quelle est la réponse de Nathalie?

«Je _____ , mais je _____.»

4. Quelle est la réponse de Marie?

«_____.»

5. À quelle heure est le match de tennis?

«À _____.»

À votre tour!

Section 6. Créa-dialogue

▶ Est-ce que tu veux jouer
   au tennis avec moi?

1. Est-ce que tu veux jouer au basket avec moi?
2. Est-ce que tu veux manger une pizza?
3. Est-ce que tu veux regarder la télé?
4. Est-ce que tu veux jouer au ping-pong?
5. Est-ce que tu veux dîner au restaurant?

EXCUSES:

a. Je dois étudier.
b. Je dois travailler.
c. Je dois téléphoner à une copine.
d. Je dois dîner avec ma cousine.
e. Je dois parler avec ma mère.
f. Je dois chanter avec la chorale.

Section 7. Conversation dirigée

   Allez à la page 95.

UNITÉ 4

CASSETTE WORKSHEET Leçon 14 Qui est là?

| Section 1 | **Qui est là?** |

A. *Compréhension orale*

> *It is Wednesday afternoon. Pierre is looking for his friends but cannot find anyone.*
> *Finally he sees Hélène at the Café Bellevue and asks her where everyone is.*
>
> PIERRE: Où est Jacqueline?
> HÉLÈNE: Elle est à la maison.
> PIERRE: Et Jean-Claude? Il est là?
> HÉLÈNE: Non, il n'est pas là.
> PIERRE: Où est-il?
> HÉLÈNE: Il est en ville avec une copine.
> PIERRE: Et Nicole et Sandrine? Est-ce qu'elles sont ici?
> HÉLÈNE: Non, elles sont au restaurant.
> PIERRE: Alors, qui est là?
> HÉLÈNE: Moi, je suis ici.
> PIERRE: C'est vrai, tu es ici! Eh bien, puisque tu es là, je t'invite au cinéma. D'accord?
> HÉLÈNE: Super! Pierre, tu es un vrai copain!

B. *Écoutez et répétez.*

| Section 2 | **Où es-tu?** |

C. *Compréhension orale*

Je suis . . .

	A	B	C	D
	au café	**au cinéma**	**en classe**	**à la maison**
▶		✓		
1				
2				
3				
4				
5				

**DISCOVERING
FRENCH – *BLEU***

CASSETTE WORKSHEET   Leçon 14   (cont.)

| Section 3 | Où êtes-vous? |

D. *Compréhension orale*

Nous sommes . . .

	A en classe	B à Paris	C en ville	D en vacances	E en France
►				✓	
1					
2					
3					
4					
5					

| Section 4 | Où sont-ils? |

E. *Questions et réponses*

► —Est-ce qu'il est à la maison ou au restaurant?
—**Il est au restaurant.**

CASSETTE WORKSHEET Leçon 14 (cont.)

Section 5 | **Dialogue: Où est Jean-Claude?**

F. *Compréhension orale*

Frédéric sees his friend Nathalie on the way home from school.

FRÉDÉRIC: Salut!
NATHALIE: Salut, Frédéric!

FRÉDÉRIC: Jean-Claude _____ avec toi?
NATHALIE: Non, il est avec Sandrine.

FRÉDÉRIC: _____?

NATHALIE: Ils sont _____ de l'Univers.

FRÉDÉRIC: _____ Nathalie, salut!
NATHALIE: Salut!

FRÉDÉRIC: Salut, Sandrine!
SANDRINE: Salut, ça va?

FRÉDÉRIC: Oui, ça va. Jean-Claude n'est pas _____?
SANDRINE: Bien, non.

FRÉDÉRIC: Où _____?
SANDRINE: Il est avec sa soeur Catherine.
FRÉDÉRIC: Où?
SANDRINE: Au McDonald.
FRÉDÉRIC: Ah bon! Merci Sandrine. Salut!

CATHERINE: Tiens, Frédéric, ça va?
FRÉDÉRIC: Oui, ça va . . . ton frère n'est pas avec toi?

CATHERINE: Non, il est _____.
FRÉDÉRIC: Ah bon! Salut!

CATHERINE: _____!

FRÉDÉRIC: Bonjour, madame.
LA MÈRE: Bonjour, Frédéric.

FRÉDÉRIC: _____ parler à Jean-Claude?

LA MÈRE: _____. Il est en haut *(upstairs)*.

FRÉDÉRIC: Jean-Claude? _____?

JEAN-CLAUDE: Eh, ben, oui. _____ là.

UNITÉ 4

CASSETTE WORKSHEET Leçon 14 (cont.)

| Section 6 | **Prononciation** |

G. *La voyelle /a/*

Écoutez: ch**a**t

The letter "a" alone always represents the sound /a/ as in the English word
ah. It never has the sound of "a" as in English words like *class, date,* or *cinema.*

Répétez: ch**a**t ç**a** v**a** **à** l**a** l**à**-b**a**s **a**vec **a**mi voil**à**
classe c**a**fé s**a**l**a**de d**a**me d**a**te M**a**d**a**me C**a**n**a**d**a**
Anne est **a**u C**a**n**a**d**a** **a**vec M**a**d**a**me L**a**v**a**l.

À votre tour!

Section 7. Allô!

 Allez à la page 104.

Section 8. Créa-dialogue

Allez à la page 104.

Nom _____

Classe _____ Date _____

DISCOVERING FRENCH – *BLEU*

CASSETTE WORKSHEET Leçon 15 Une boum

| Section 1 | Une boum

A. *Compréhension orale*

> *Jean-Marc has been invited to a party. He is trying to decide whether to invite Béatrice or Valérie. First he talks to Béatrice.*
>
> JEAN-MARC: Dis, Béatrice, tu aimes danser?
> BÉATRICE: Bien sûr, j'aime danser!
> JEAN-MARC: Est-ce que tu danses bien?
> BÉATRICE: Oui, je danse très, très bien.
> JEAN-MARC: Et ta cousine Valérie? Est-ce qu'elle danse bien?
> BÉATRICE: Non, elle ne danse pas très bien.
> JEAN-MARC: Alors, c'est Valérie que j'invite à la boum.
> BÉATRICE: Mais pourquoi elle? Pourquoi pas moi?
> JEAN-MARC: Écoute, Béatrice, je ne sais pas danser! Alors, je préfère inviter une fille qui ne danse pas très bien. C'est normal, non?

B. *Écoutez et répétez.*

| Section 2 | J'étudie

C. *Compréhension orale*

	A		B
▶	✔	J'étudie.	Je n'étudie pas.
1		J'étudie.	Je n'étudie pas.
2		Je travaille.	Je ne travaille pas.
3		Je travaille.	Je ne travaille pas.
4		Je regarde la télé.	Je ne regarde pas la télé.
5		Je joue au Monopoly.	Je joue au Nintendo.
6		Elle joue très mal.	Elle joue très bien.
7		Je mange.	Je ne mange pas.
8		Je mange un sandwich.	Je mange une omelette.
9		Je mange une crêpe.	Je mange une pizza.
10		J'écoute la radio.	J'écoute mon walkman.
11		Je téléphone.	Je ne téléphone pas.
12		Je téléphone à un copain.	Je téléphone à une copine.

UNITÉ 4

CASSETTE WORKSHEET Leçon 15

| Section 3 | Tu téléphones? |

D. *Compréhension orale*

1. Tu téléphones?

    a. _____ oui   b. _____ non

2. Tu regardes la télé?

    a. _____ oui   b. _____ non

3. Est-ce que tu étudies?

    a. _____ oui   b. _____ non

4. Tu dînes à la maison ce soir?

    a. _____ oui   b. _____ non

| Section 4 | Est-ce qu'il travaille? |

E. *Questions et réponses*

▶ — Est-ce qu'il travaille?
   — **Non, il ne travaille pas.**

UNITÉ 4

CASSETTE WORKSHEET Leçon 15 (cont.)

| Section 5 | **Jean-Paul à la boum** |

F. *Compréhension orale*

First Jean-Paul goes up to Dominique.

JEAN-PAUL: _____ danser?

DOMINIQUE: Oui, j'aime _____ .

JEAN-PAUL: Est-ce que tu danses _____ ?

DOMINIQUE: Oui, je danse très, très bien. Et toi?

JEAN-PAUL: Euh non, _____ .

Then Jean-Paul goes over to Nathalie.

JEAN-PAUL: Tu aimes danser?

NATHALIE: Oui, j'aime danser . . . mais _____ très bien.

JEAN-PAUL: _____ danser avec moi?

NATHALIE: Je te dis (*I'm telling you*), je ne danse pas très bien.

JEAN-PAUL: Moi non plus (*me neither*), je ne danse pas _____ .

NATHALIE: Bon, _____ .

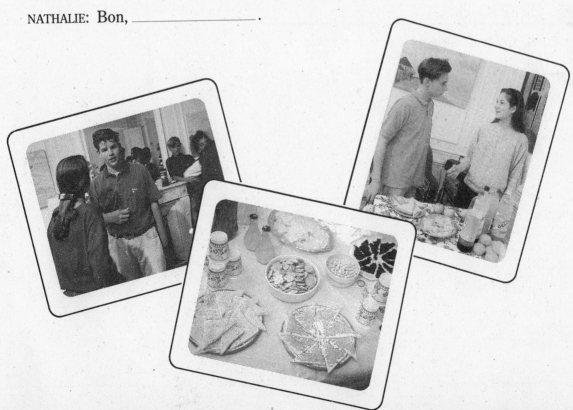

UNITÉ 4

CASSETTE WORKSHEET Leçon 15 (cont.)

| Section 6 | Prononciation |

G. *Les voyelles /i / et /u /*

Écoutez: /u/   où   /i/   ici

The vowel sounds /**i**/ and /**u**/ are easy to say. Remember to pronounce the French "**i**" as in **Mimi** and not as in the English *him*.

Répétez: /**i**/   ici Philippe il
           Mimi Sylvie visite
           Philippe visite Paris avec Sylvie.

           /**u**/   où nous vous
           écoute joue toujours
           Vous jouez au foot avec nous?

À votre tour!

Section 7. Allô!

 Allez à la page 116.

Section 8. Créa-dialogue

Allez à la page 116.

UNITÉ 4

DISCOVERING FRENCH – *BLEU*

CASSETTE WORKSHEET Leçon 16 Une interview

| Section 1 | **Une interview** |

A. *Compréhension orale*

Nicolas is at a café with his new friend Fatou. He's interviewing her for an article in his school newspaper.

NICOLAS: Bonjour, Fatou. Ça va?

FATOU: Oui, ça va.

NICOLAS: Tu es sénégalaise, n'est-ce pas?

FATOU: Oui, je suis sénégalaise.

NICOLAS: Où est-ce que tu habites?

FATOU: Je suis de Dakar, mais maintenant j'habite à Paris avec ma famille.

NICOLAS: Est-ce que tu aimes Paris?

FATOU: J'adore Paris.

NICOLAS: Qu'est-ce que tu fais le weekend?

FATOU: Ça dépend. En général, je regarde la télé ou je sors avec mes copains. Dis, Nicolas! Est-ce que je peux te poser une question?

NICOLAS: Oui, bien sûr!

FATOU: Qu'est-ce que tu fais samedi?

NICOLAS: Euh . . . je ne sais pas.

FATOU: Est-ce que tu veux aller avec nous à un concert de musique africaine?

NICOLAS: Super! Où? Quand? Et à quelle heure?

B. *Écoutez et répétez.*

UNITÉ 4

CASSETTE WORKSHEET   Leçon 16 (cont.)

| Section 2 | Où est-ce qu'il va? |

C. *Compréhension orale*

	A	B	C	D	E	F
	où?	quand?	à quelle heure?	comment?	à qui?	avec qui?
▶	✓					
1						
2						
3						
4						
5						
6						
7						
8						

| Section 3 | Qu'est-ce que tu fais? |

D. *Compréhension orale*

a. _____

b. _1_

c. _____

d. _____

e. _____

f. _____

CASSETTE WORKSHEET Leçon 16 (cont.)

| Section 4 | Questions |

E. *Questions et réponses*

▶ — Qu'est-ce qu'il mange?
— **Il mange un sandwich.**

| Section 5 | Au Sénégal |

F. *Écoutez et écrivez.*

— Bonjour, _____ vous vous appelez?

— Je m'appelle Monsieur Li.

— _____ français?

— Oui, _____ français, et le ouolof aussi.

CASSETTE WORKSHEET Leçon 16 (cont.)

| Section 6 | Prononciation |

G. *La voyelle /y/*
Écoutez: **super!**

The vowel sound /y/, represented by the letter "**u**," does not exist in English. Here is a helpful trick for producing this new sound. First say the French word **si**. Then round your lips as if to whistle and say **si** with rounded lips: /**sy**/. Now say **si-per**. Then round your lips as you say the first syllable: **super!**

Répétez: /y/ **super tu étudie bien sûr**
          Lucie Luc
          Tu étudies avec Lucie.

À votre tour!

Section 7. Allô!

   Allez à la page 126.

Section 8. Créa-dialogue

Allez à la page 126.

UNITÉ 4

Classe _____ Date _____

WRITING ACTIVITIES Leçon 13 Le français pratique: Mes activités

A* 1. Qu'est-ce qu'ils aiment faire? *(What do they like to do?)*
The following people are saying what they like to do. Complete the bubbles, as in the model.

J'aime téléphoner.

J'aime téléphoner.

2. Et toi?
Say whether or not you like to do the activities suggested by the pictures.

  1. _____

  2. _____

3. _____

  3. _____

  4. _____

5. _____

6. _____

  7. _____

8. _____

*NOTE: Beginning with this unit, activities are coded to
sections in your textbook (Ex: Leçon 13, Section A)
for your reference.

UNITÉ 4

WRITING ACTIVITIES Leçon 13 (cont.)

B/C 3. **Communication: En français!**

1. You are spending your vacation in a French summer camp.

   Ask your friend Patrick . . .

   • *if he likes to swim*

   _____

   • *if he likes to play basketball*

   _____

   • *if he wants to play volleyball with you*

   _____

2. Your friend Cécile is phoning to invite you to go to a restaurant. Unfortunately you have an English exam tomorrow.

   Tell Cécile . . .

   • *that you are sorry*

   _____

   • *that you cannot have dinner at the restaurant with her*

   _____

   • *that you have to study*

   _____

3. At the tennis court, you meet your friend Jean-Claude.

   • *Tell him that you would like to play tennis.*

   _____

   • *Ask him if he wants to play with you.*

   _____

UNITÉ 4

WRITING ACTIVITIES Leçon 14 Qui est là?

A **1. Mots croisés** _(Crossword puzzle)_

Complete the crossword puzzle with the forms of **être.** Then write the corresponding subject pronoun in front of each form.

▶ nous _____

S	O	M	M	E	S

1. _____

	S	

2. _____

	S			S

3. _____

			S

4. _____

	S			T

5. _____

		S	

2. En vacances

The people in parentheses are on vacation. Say where they are, using the appropriate pronouns: **il, elle, ils,** or **elles.**

▶ (Cécile)   _Elle est_ _____ à Québec.

1. (Jean-Marc)   _____ à Tours.

2. (Catherine et Sophie) _____ à Nice.

3. (Mademoiselle Simon)   _____ à Montréal.

4. (Jérôme et Philippe)   _____ en Italie.

5. (Isabelle, Thomas et Anne) _____ au Mexique.

6. (Monsieur et Madame Dupin) _____ au Japon.

3. Où sont-ils?

Complete the following sentences, saying where the people are.

Nous _____.

Vous _____.

M. Bernard _____.

Éric et Claire _____.

UNITÉ 4

WRITING ACTIVITIES Leçon 14 (cont.)

B/C 4. Non!

Answer the following questions in the negative, using pronouns in your answers.

1. Est-ce que tu es français (française)?

_____

2. Est-ce que ton copain est canadien?

_____

3. Est-ce que ta copine est anglaise?

_____

4. Est-ce que tu es au cinéma?

_____

5. Est-ce que tes *(your)* parents sont en vacances?

_____

5. Communication: En français!

1. The phone rings. It is your French friend Caroline who wants to talk to your brother.

   Tell Caroline that he is not home.

   _____

   Tell her that he is downtown with a friend.

   _____

2. You are phoning your friend Marc. His mother answers.

   Ask her if Marc is there.

   _____

   Ask her if you can please speak with Marc.

   _____

UNITÉ 4

WRITING ACTIVITIES Leçon 15 Une boum

A/B **1. Tourisme**

The following people are traveling abroad. Complete the sentences
with the appropriate forms of **visiter.**

1. Nous _____ Québec.

2. Tu _____ Fort-de-France.

3. Jean et Thomas _____ Paris.

4. Vous _____ Genève.

5. Hélène _____ San Francisco.

6. Je _____ La Nouvelle Orléans.

7. Marc _____ Tokyo.

8. Monsieur et Madame Dupont _____ Mexico.

2. Qu'est-ce qu'ils font?

Describe what people are doing by completing the sentences with the
appropriate verbs. First write the infinitive in the box, and then fill in
the correct form in the sentence. Be logical.

| manger | **écouter** | *regarder* | **dîner** |
| jouer | organiser | **parler** | |

▶	*dîner*	Nous _____*dînons*_____ au restaurant.
1.		Christine et Claire _____ au tennis.
2.		Vous _____ la télé.
3.		J' _____ la radio.
4.		Tu _____ français avec le professeur.
5.		Jérôme _____ un sandwich.
6.		Nous _____ une boum.

WRITING ACTIVITIES Leçon 15 (cont.)

3. Descriptions

Look carefully at the following scenes and describe what the different people are doing.

① **Mélanie**

Éric et Vincent

② **Claire et Philippe**

M. Boulot

▶ Mélanie _____*nage*_____ .   Monsieur Boulot _____ .

Éric et Vincent _____ .   Claire et Philippe _____ .

③ **Le professeur**

Hélène et Marc

④ **Jean-Paul et Bernard**

Diane

Le professeur _____ .   Diane _____ .

Hélène et Marc _____ .   Jean-Paul et Bernard _____ .

UNITÉ 4

WRITING ACTIVITIES Leçon 15 (cont.)

C 4. Et toi?

Your French friend Caroline wants to know more about you. Answer her questions, affirmatively or negatively.

1. Tu parles anglais?

   _____

2. Tu parles souvent français?

   _____

3. Tu habites à New York?

   _____

4. Tu étudies l'espagnol?

   _____

5. Tu joues au foot?

   _____

6. Tu dînes souvent au restaurant?

   _____

5. Dimanche

For many people, Sunday is a day of rest. Say that the following people are not doing the activities in parentheses.

▶ (étudier)   Tu _____ n'étudies pas _____ .

1. (étudier)   Nous _____ .

2. (travailler)   Vous _____ .

3. (parler)   Mon copain _____ français.

4. (téléphoner)   La secrétaire _____ .

5. (jouer)   Paul et Thomas _____ au foot .

6. (voyager)   Tu _____ .

UNITÉ 4

WRITING ACTIVITIES Leçon 15 (cont.)

6. Communication

You have a new French pen pal named Isabelle. Write her a short letter introducing yourself.

Date your letter.

- *Tell Isabelle your name.*
- *Tell her in which city you live.*
- *Tell her at what school you study.*
- *Tell her whether or not you often speak French.*
- *Tell her what sports you play.*
- *Tell her two things you like to do.*

- *Tell her one thing you do not like to do.*

Sign your letter.

Chère Isabelle,

_____

• _____

• _____

• _____

• _____

_____

_____

_____

• _____

Amitiés,

_____

cartes postales
Envoyez des Cartes

UNITÉ 4

WRITING ACTIVITIES Leçon 16 Une interview

A 1. Dialogue

Complete the following dialogues with the appropriate interrogative expressions.

1. —_____ est-ce que tu habites?
   —J'habite à Dakar.

2. —_____ est-ce que tu dînes?
   —En général, je dîne à huit heures.

3. —_____ est-ce que tu chantes?
   —Je chante assez bien.

4. —_____ est-ce que tu étudies l'italien?
   —Parce que je veux visiter l'Italie.

5. —_____ est-ce que tu voyages?
   —Je voyage en juillet.

6. —_____ est-ce que ta mère travaille?
   —Elle travaille dans *(in)* un hôpital.

B 2. Répétitions

Philippe did not quite hear what Annie told him and he asks her to repeat what she said. Complete his questions.

ANNIE:		PHILIPPE:
▶ Je joue au tennis avec Vincent.	Avec	*qui est-ce que tu joues au tennis* ?
1. Je téléphone souvent à Olivier.	À	?
2. Je parle rarement à Valérie.	À	?
3. J'étudie avec Jean-Claude.	Avec	?
4. Je travaille pour M. Bertrand.	Pour	?
5. Je parle anglais avec Vanessa.	Avec	?
6. Je parle de Pierre.	De	?

UNITÉ 4

WRITING ACTIVITIES Leçon 16 (cont.)

A/B/C **3. Curiosité**

You want to know more about what the following people are doing. Write your
questions using subject pronouns and the expressions in parentheses.

▶ Jérôme dîne. (avec qui?)

   Avec qui est-ce qu'il dîne?

1. Madame Martin travaille. (où?)

   _____

2. Nathalie téléphone. (à qui?)

   _____

3. Antoine organise une boum. (quand?)

   _____

4. Thomas et Patrick étudient beaucoup. (pourquoi?)

   _____

5. Hélène et Sylvie jouent au tennis. (à quelle heure?)

   _____

6. Béatrice étudie. (qu'est-ce que?)

   _____

D **4. Conversations**

Complete the following mini-dialogues with the appropriate forms of **faire.**

1. —Qu'est-ce que tu _____ à deux heures?

   —Je _____ un match de tennis.

2. —Qu'est-ce que vous _____ maintenant?

   —Nous _____ une salade de fruits.

3. —Où est ta cousine?

   —Elle _____ un voyage au Sénégal.

4. —Où sont Paul et Marc?

   —Ils sont en ville. Ils _____ une promenade.

SÉNÉGAL

UNITÉ 4

WRITING ACTIVITIES Leçon 16 (cont.)

5. 👥 Communication

1. You want to invite your friend Nathalie to your home for dinner.

   Ask her . . .

   - *at what time she has dinner* _____

   - *what she likes to eat* _____

2. You are interviewing Madame Ricard, a French businesswoman, for your school newspaper. (Do not forget to address her as **vous!**)

   Ask her . . .

   - *where she lives* _____

   - *where she works* _____

   - *when she travels* _____

3. You meet your friend Marc in the street.

   Ask him . . .

   - *what he is doing now* _____

   - *what he is doing tomorrow* _____

UNITÉ 4

READING AND CULTURE ACTIVITIES Unité 4

A. En France et en Louisiane

LES CHOEURS
Maurice de Sully
CATHEDRALE NOTRE-DAME DE PARIS

**Nous avons besoin de nouvelles voix
pour renforcer notre groupe.**

CHANTEZ AVEC NOUS...

... J.S. BACH, VIVALDI, MOZART,
CHANTS GREGORIENS,
REPERTOIRE CONTEMPORAIN.

——INSCRIPTIONS: Père A. Batselaere——
8, rue Massillon Paris 4ᵉ - Téléphone: **01 43 54 71 53**
ou **01 56 33 01 01**

1. You would pay attention to this ad
if you were interested in . . .
- ☐ singing
- ☐ traveling
- ☐ going to a concert
- ☐ visiting a church

**ICI,
ON PARLE FRANÇAIS**

**(FAITES VOTRE DEMANDE
EN FRANÇAIS).**

**NOUS SOMMES FIERS
DE PARLER
FRANÇAIS.**

2. If you were traveling in Louisiana, you
might see this sign in certain shops.
What does it mean?
- ☐ We are French.
- ☐ French is spoken here.
- ☐ We sell French products.
- ☐ We like French people.

3. Here is another sign you might see in
Louisiana. What does it mean?
- ☐ We do not speak French.
- ☐ We are proud to speak French.
- ☐ We sell French products.
- ☐ We love people who speak French.

READING AND CULTURE ACTIVITIES Unité 4 (cont.)

B. La Maison des Jeunes et de la Culture

Sandrine Moreau has dropped by Les Marquisats to get more
information about their activities. She was asked to fill out the
following form.

Je souhaite recevoir régulièrement des informations sur les activités culturelles
de la Maison des Jeunes et de la Culture "Les Marquisats" d'Annecy.

Je suis plus particulièrement intéressé par :

☐ CINÉMA   ☑ DANSES SPÉCIALES   ☐ CONFÉRENCES

☑ STAGES DANSE   ☐ JAZZ   ☐ ROCK   ☐ CHANSON

NOM _MOREAU, Sandrine_____

INSTITUTION / PROFESSION _Étudiante_____

ADRESSE _136, rue Descartes_____

_Annecy_____

TÉL. _____ (facultatif).

LES MARQUISATS
M. J. C. 52, RUE DES MARQUISATS
74000 ANNECY TEL. 04.50.45.08.80

---

1. Sandrine is especially interested in . . .
   ☐ movies
   ☐ music
   ☐ dance
   ☐ lectures

2. Who is Sandrine?
   ☐ A student.
   ☐ A homemaker.
   ☐ A guitarist.
   ☐ A retired person.

UNITÉ 4

Nom _____

READING AND CULTURE ACTIVITIES Unité 4 (cont.)

C. Conversation

Carefully read the following phone conversation between Carole and
her friend Julien.

CAROLE: Allô, Julien?

JULIEN: Ah, c'est toi, Carole. Mais où es-tu?

CAROLE: Je suis à Tours.

JULIEN: À Tours? Mais pourquoi es-tu là-bas?

CAROLE: Je fais un voyage avec ma cousine.

JULIEN: Ah bon! Qu'est-ce que vous faites?

CAROLE: Oh là là, nous faisons beaucoup de choses. Nous visitons
les châteaux. Nous dînons dans les restaurants.
Nous . . .

JULIEN: Quand est-ce que vous rentrez à Paris?

CAROLE: Le quinze août.

JULIEN: Alors, bonnes vacances et bon retour!

- Where is Carole when she calls Julien? _____

  Where is Julien? _____

- With whom is Carole traveling? _____

- What have the two of them been doing?

  _____

  _____

- When is Carole returning home? _____

READING AND CULTURE ACTIVITIES Unité 4 (cont.)

D. Invitations

1. You recently received two invitations. (Note: **venir** means *to come*.)

BOUM

Où? chez Daniel Lebrousse
32, rue Lecourbe

Quand? samedi
de 5 h 30 à 9 h 30

R.S.V.P. 01. 41. 12. 45 .30

Invitation
Est-ce que tu veux
venir dîner avec moi
samedi à 7 h 30 ?
Réponds- moi avant
jeudi.

Christophe

- What is Daniel's invitation for? _____

   What day and what time? _____

- What is Christophe's invitation for? _____

   What day and what time? _____

- Which invitation are you going to accept, and why?

   _____

   _____

2. Write a note to the person whose invitation you have to turn down.
- Express your regret.
- Explain that you have other plans.
- Sign your note.

Cher _____,

_____

_____

_____

_____

COMMUNICATIVE EXPRESSIONS AND THEMATIC VOCABULARY

Unité 4 Qu'est-ce qu'on fait?

▶ CULTURAL CONTEXT: **Daily activities at home, at school, on weekends**

COMMUNICATIVE EXPRESSIONS

Talking about what you like and don't like to do
> **Qu'est-ce que tu aimes faire?**
> **Est-ce que tu aimes . . . ?**
>> **J'aime . . .**   **Je n'aime pas . . .**
>> **Je préfère . . .**

Talking about what you want and do not want to do
> **Qu'est-ce que tu veux faire?**
>> **Je veux . . .**   **Je ne veux pas . . .**
>> **Je voudrais . . .**

Inviting a friend
> **Est-ce que tu veux . . . ?**   **. . . avec moi/toi**
> **Est-ce que tu peux . . . ?**

Accepting and turning down an invitation
> **Oui, bien sûr, . . .**   **Je regrette mais je ne peux pas.**
> **Oui, merci, . . .**   **Je dois . . .**
> **Oui, d'accord, . . .**
>> **je veux bien.**
>> **je veux bien . . .**

Asking and answering yes/no questions
> **Est-ce que [tu étudies]?**   **oui**   **non**
> **[Tu étudies], n'est-ce pas?**   **mais oui**   **mais non**
>> **bien sûr**
>> **peut-être . . .**

Asking for specific information

où?	**Où est-ce que tu habites?**
quand?	**Quand est-ce que tu regardes la télé?**
à quelle heure?	**À quelle heure est-ce que tu dînes?**
comment?	**Comment est-ce que tu joues au volley?**
pourquoi?	**Pourquoi est-ce que tu étudies le français?**
parce que . . .	**Parce que je veux visiter Paris.**
qu'est-ce que . . . ?	**Qu'est-ce que tu fais?**
qui?	**Qui travaille?**
	Qui est-ce que tu invites?
à qui?	**À qui est-ce que tu téléphones?**
de qui?	**De qui est-ce que tu parles?**
avec qui?	**Avec qui est-ce que tu joues au tennis?**
pour qui?	**Pour qui est-ce que tu travailles?**

COMMUNICATIVE EXPRESSIONS AND THEMATIC VOCABULARY

VOCABULARY

Things people do

aimer	manger	faire
chanter	nager	faire un match
danser	organiser une boum	faire une promenade
dîner au restaurant	parler anglais	faire un voyage
écouter la radio	parler espagnol	faire attention
étudier	parler français	
habiter à [Québec]	regarder la télé	être
inviter	téléphoner	être d'accord
jouer au basket	travailler	
jouer au foot	visiter [Paris]	
jouer au tennis	voyager	
jouer au volley		

Places where one can be

où	à [Paris]	en France
ici	à la maison	en classe
là	au café	en vacances
là-bas	au cinéma	en ville
	au restaurant	

How well? how much? how often? when?

bien	beaucoup	rarement	maintenant
très bien	un peu	souvent	
mal		toujours	

Other words and expressions

à	avec	super!
de	mais	dommage!
et	pour	
ou		ah bon?

UNITÉ 4

UNITÉ 5
Le monde personnel et familier

 LISTENING ACTIVITIES
Leçons 17–20

 WRITING ACTIVITIES
Leçons 17–20

 READING AND CULTURE ACTIVITIES
Unité 5

 POUR *COMMUNIQUER*

Communicative Expressions and Thematic Vocabulary

CASSETTE WORKSHEET Leçon 17 Le français pratique:
Les personnes et les objets

Section 1 **La description des personnes**

A. *Écoutez et répétez.*

 Allez à la page 139.

Section 2 **J'ai un walkman**

B. *Compréhension orale*

a. _____

b. _____

c. _____

d. _____

e. _1_

f. _____

g. _____

h. _____

i. _____

j. _____

k. _____

l. _____

CASSETTE WORKSHEET **Leçon 17** (cont.)

| Section 3 | Qu'est-ce que c'est? |

C. *Questions et réponses*

▶ — Qu'est-ce que c'est?
   — **C'est un appareil-photo.** ▶

1. 2. 3.

4. 5. 6. 7.

| Section 4 | Dialogue: Tu as un walkman? |

D. *Compréhension orale*

1. Nathalie a un walkman.   vrai   faux

2. Le walkman est dans son sac.   vrai   faux

3. Le sac est sur la table.   vrai   faux

4. Le sac est dans sa chambre.   vrai   faux

5. Le sac est sous son bureau.   vrai   faux

6. Le sac est derrière la porte.   vrai   faux

UNITÉ 5

CASSETTE WORKSHEET Leçon 17 (cont.)

| Section 5 | Où est-il? |

E. *Questions et réponses*

▶ — Est-ce que l'appareil-photo est sur la table ou sous la table?
   — **Il est sur la table.**

CASSETTE WORKSHEET   Leçon 17 (cont.)

| Section 6 | **Monologue: La chambre de Catherine** |

F. *Compréhension orale*

a. ☐ un bureau
b. ☐ une chaise
c. ☐ une table
d. ☐ un lit
e. ☐ des disques
f. ☐ des affiches
g. ☐ des livres
h. ☐ un livre de français
i. ☐ un livre d'anglais
j. ☐ un sac de classe

k. ☐ des crayons
l. ☐ un stylo
m. ☐ une calculatrice
n. ☐ un cahier
o. ☐ un ordinateur
p. ☐ une raquette
q. ☐ une radiocassette
r. ☐ des compact-discs
s. ☐ un appareil-photo

À votre tour!

Section 7. Créa-dialogue

  Allez à la page 147.

Section 8. Conversation dirigée

  Allez à la page 147.

CASSETTE WORKSHEET Leçon 18 Vive la différence!

| Section 1 | Vive la différence! |

A. *Compréhension orale*

Listen to Caroline, a French girl from Montpellier, describe herself and her friend Jean-Pierre.

Je m'appelle Caroline.   Il s'appelle Jean-Pierre.
J'habite à Montpellier.   Il habite à Strasbourg.
J'ai des frères.   Il n'a pas de frère, mais il a des soeurs.
J'ai un chien.   Il n'a pas de chien, mais il a deux horribles chats.
J'ai un scooter.   Il a une moto.
J'aime le cinéma.   Il préfère le théâtre.
J'aime les films de science-fiction.   Il préfère les westerns.
J'aime les sports.   Il préfère la musique.
J'étudie l'anglais.   Il étudie l'espagnol.

B. *Écoutez et répétez.*

| Section 2 | Tu as un vélo? |

C. *Compréhension orale*

▶ un vélo   (oui)   non

1. a. un vélo   oui   non
   b. une mobylette   oui   non

2. une voiture   oui   non

3. une voiture   oui   non

4. une montre   oui   non

Nom _____

CASSETTE WORKSHEET **Leçon 18** (cont.)

Section 3 | Qu'est-ce que tu as?

D. *Compréhension orale*

1. a. un stylo oui non
   b. des crayons oui non
   c. un cahier oui non
   d. une calculatrice oui non
   e. des livres oui non
   f. un sandwich oui non

2. a. un crayon oui non
   b. un stylo oui non

3. a. un walkman oui non
   b. des cassettes oui non

4. a. une calculatrice oui non
   b. un ordinateur oui non

5. une raquette oui non

Nom _____

CASSETTE WORKSHEET Leçon 18 (cont.)

| Section 4 | Est-ce que tu as un vélo? |

E. *Questions et réponses*

▶ —Est-ce que tu as un vélo?
—Oui, j'ai un vélo.
(Non, je n'ai pas de vélo.) ▶

1. 2. 3. 4.

5. 6. 7.

| Section 5 | Dialogue: J'organise une boum |

F. *Compréhension orale*

1. une chaîne stéréo   oui   non
2. une radiocassette   oui   non
3. des cassettes   oui   non
4. des compact-discs   oui   non
5. un vélo   oui   non
6. une mobylette   oui   non

UNITÉ 5

CASSETTE WORKSHEET Leçon 18 (cont.)

| Section 6 | **Prononciation** |

G. *Les articles* le *et* les

Écoutez: **le** sac   **les** sacs

Be sure to distinguish between the pronunciation of **le** and **les.** In spoken French, that is often the only way to tell the difference between a singular and a plural noun.

Répétez: /lə/   le   le sac   le vélo   le disque   le copain   le voisin

/le/   leş   leş sacş   leş véloş   leş disqueş   leş copainş   leş voisinş

À votre tour!

Section 7. Allô!
   Allez à la page 158.

Section 8. Créa-dialogue
   Allez à la page 158.

UNITÉ 5

CASSETTE WORKSHEET Leçon 19 Le copain de Mireille

| Section 1 | Le copain de Mireille |

A. *Compréhension orale*

> *Nicolas and Jean-Claude are having lunch at the school cafeteria. Nicolas is looking at the students seated at the other end of the table.*
>
> NICOLAS: Regarde la fille là-bas.
> JEAN-CLAUDE: La fille blonde?
> NICOLAS: Oui! Qui est-ce?
> JEAN-CLAUDE: C'est Mireille Labé.
> NICOLAS: Elle est mignonne!
> JEAN-CLAUDE: Oui, elle est aussi amusante, intelligente et très sympathique.
> NICOLAS: Est-ce qu'elle a un copain?
> JEAN-CLAUDE: Oui, elle a un copain.
> NICOLAS: Il est sympathique?
> JEAN-CLAUDE: Très sympathique!
> NICOLAS: Et intelligent?
> JEAN-CLAUDE: Aussi!
> NICOLAS: Dommage! . . . Qui est-ce?
> JEAN-CLAUDE: C'est moi!
> NICOLAS: Oh . . . Excuse-moi et félicitations!

B. *Écoutez et répétez.*

| Section 2 | Je suis américain |

C. *Compréhension orale*

▶   a. américain   b. américaine

1. a. anglais   b. anglaise

2. a. canadien   b. canadienne

3. a. chinois   b. chinoise

4. a. japonais   b. japonaise

5. a. italien   b. italienne

6. a. mexicain   b. mexicaine

UNITÉ 5

CASSETTE WORKSHEET   Leçon 19 (cont.)

| Section 3 | **La description** |

D. *Écoutez et répétez.*

 Allez à la page 163.

| Section 4 | **Qui est-ce?** |

E. *Compréhension orale*

▶ (a.) mignon   b. mignonne

  (c.) sympathique   d. sympathiques

1. a. américains   b. américaines

  c. sympathique   d. sympathiques

2. a. espagnol   b. espagnole

  c. mexicaine   d. mexicaines

  e. sportif   f. sportive

  g. intelligente   h. intelligentes

3. a. anglais   b. anglaise

  c. américain   d. américaines

  e. intéressant   f. intéressante

  g. strict   h. strictes

UNITÉ 5

CASSETTE WORKSHEET **Leçon 19** (cont.)

| Section 5 | **Comment sont-ils?**

F. *Questions et réponses*

▶ — Est-ce qu'elle est grande ou petite?
　— **Elle est grande.**

UNITÉ 5

Nom _____

CASSETTE WORKSHEET Leçon 19 (cont.)

| Section 6 | Prononciation |

G. *Les consonnes finales*

Écoutez: **blond**   **blonde**

As you know, when the last letter of a word is a consonant, that consonant is often silent. But when a word ends in "e," the consonant before it is pronounced. As you practice the following adjectives, be sure to distinguish between the masculine and the feminine forms.

	MASCULINE ADJECTIVE (no final consonant sound)		FEMININE ADJECTIVE (final consonant sound)
Répétez:	**blond**	/d/	**blonde**
	grand		**grande**
	petit	/t/	**petite**
	amusant		**amusante**
	français	/z/	**française**
	anglais		**anglaise**
	américain	/n/	**américaine**
	canadien		**canadienne**

À votre tour!

Section 7. Allô!
 Allez à la page 168.

Section 8. Créa-dialogue
 Allez à la page 168.

UNITÉ 5

CASSETTE WORKSHEET Leçon 20 La voiture de Roger

Section 1	Dialogue: La voiture de Roger

A. *Compréhension orale*

Dans la rue, il y a une voiture rouge.
C'est une petite voiture. C'est une voiture de sport.

Dans la rue, il y a aussi un café.
Au café, il y a un jeune homme.
Il s'appelle Roger.
C'est le propriétaire de la voiture rouge.

Une jeune fille entre dans le café.
Elle s'appelle Véronique.
C'est l'amie de Roger.
Véronique parle à Roger.

ROGER: Tiens, bonjour Véronique! Ça va?
VÉRONIQUE: Oui, ça va. Dis, tu as une nouvelle voiture, n'est-ce pas?
ROGER: Oui, j'ai une nouvelle voiture.
VÉRONIQUE: Est-ce qu'elle est grande ou petite?
ROGER: Oh, c'est une petite voiture.
VÉRONIQUE: De quelle couleur est-elle?
ROGER: C'est une voiture rouge.
VÉRONIQUE: Est-ce que c'est une voiture italienne?
ROGER: Oui, c'est une voiture italienne. Mais, dis donc, Véronique, tu es vraiment très curieuse!
VÉRONIQUE: Et toi, tu n'es pas assez curieux!
ROGER: Ah bon? Pourquoi?
VÉRONIQUE: Pourquoi? . . . Regarde la contractuelle là-bas!
ROGER: Ah, zut alors!

B. *Écoutez et répétez.*

Section 2	Les couleurs

C. *Écoutez et répétez.*

 Allez à la page 172.

Section 3	De quelle couleur?

D. *Compréhension orale*

a. ____ rouge   **b.** ____ jaune   **c.** ____ vert(e)   **d.** ____ blanc (blanche)

e. ____ gris(e)   **f.** ____ noir(e)   **g.** ____ marron   **h.** ____ orange

UNITÉ 5

CASSETTE WORKSHEET Leçon 20 (cont.)

| Section 4 | Qu'est-ce que tu préfères? |

E. *Questions et réponses*

▶ —Est-ce que tu préfères la voiture rouge ou la voiture grise?
—**Je préfère la voiture rouge.**
(Je préfère la voiture grise.)

▶

1.

2.

3.

4.

5.

6.

UNITÉ 5

Nom _____

CASSETTE WORKSHEET Leçon 20 (cont.)

Section 5 | **Descriptions**

F. *Écoutez et répétez.*

  Allez à la page 173.

Section 6 | **Dialogue: C'est ta voiture?**

G. *Compréhension orale*

1. C'est la voiture de Jean-Claude.	vrai faux
2. C'est une Citroën.	vrai faux
3. Elle marche très bien.	vrai faux
4. Elle n'est pas rapide.	vrai faux
5. Elle fait du 160 à l'heure *(160 kilometers per hour)*.	vrai faux
6. Jean-Claude a son permis *(driver's license)*.	vrai faux

Section 7 | **Prononciation**

H. *Les lettres «ch»*

Écoutez: <u>ch</u>ien

The letters "**ch**" are usually pronounced like the English *"sh."*

Répétez: <u>ch</u>ien <u>ch</u>at <u>ch</u>ose mar<u>ch</u>e
<u>ch</u>ouette <u>ch</u>ocolat affi<u>ch</u>e
Mi<u>ch</u>èle a un <u>ch</u>at et deux <u>ch</u>iens.

CASSETTE WORKSHEET Leçon 20 (cont.)

À votre tour!

Section 8. Allô!

 Allez à la page 178.

Section 9. Créa-dialogue

 Allez à la page 178.

WRITING ACTIVITIES Leçon 17 Le français pratique: Les personnes et les objets

A 1. Auto-portrait
Write a short paragraph describing yourself. Give the following information:

• your name

• your age

• two physical traits

2. Mes acteurs favoris
Describe your favorite actor and actress by completing the following chart. Use complete sentences.

MON ACTEUR FAVORI   MON ACTRICE FAVORITE

• name   Il _____   Elle _____

• age (approx.)

• physical traits
(affirmative
or negative)

3. 👥 Communication
1. Your French friend Sophie has a new neighbor and you want to know more about him.

Ask Sophie . . .

• *his name* _____

• *how old he is* _____

• *if he is tall or short* _____

• *if he is good-looking* _____

2. Your friend Christophe has just told you that one of his cousins—a girl—is going to visit him next week.

Ask Christophe . . .

• *her name* _____

• *if she is blond or brunette* _____

• *if she is pretty* _____

WRITING ACTIVITIES Leçon 17 (cont.)

B/C **4. L'intrus** *(The intruder)*
The following sentences can be completed logically by three of the items A, B, C, and D. One item does not fit. It is the intruder. Cross it out.

	A	**B**	**C**	**D**
1. Dans le garage, il y a...	une voiture	un vélo	une chambre	un scooter
2. Dans le sac, il y a...	un disque	une porte	un walkman	un appareil-photo
3. Sur le bureau, il y a...	un ordinateur	une calculatrice	un téléphone	une chaise
4. Sur le mur *(wall)*, il y a...	une affiche	une montre	une photo	un poster
5. Sur la table, il y a...	un crayon	une radio	un stylo	une mobylette
6. Dans la chambre, il y a...	une moto	une table	deux chaises	une chaîne stéréo
7. Sous le lit, il y a...	un scooter	un livre	des compacts	un chat

5. Quatre listes
Complete each list with three items.

What I carry in my school bag:

- _____
- _____
- _____

What I would like to have for my birthday:

- _____
- _____
- _____

What I would take on a trip to Paris:

- _____
- _____
- _____

What I would want to have if I were lost on a desert island:

- _____
- _____
- _____

UNITÉ 5

Nom _____

WRITING ACTIVITIES Leçon 17 (cont.)

6. Leurs possessions *(Their belongings)*

Look at the illustrations and describe four things that each of the
following people own. Be sure to use **un** or **une,** as appropriate.

Monsieur Renoir

Julien et Frédéric

Isabelle

Mademoiselle Dumas

1. Isabelle a *(has)* <u>un vélo,</u> _____ .

2. Mademoiselle Dumas a _____ .

3. Julien et Frédéric ont *(have)* _____

   _____ .

4. Monsieur Renoir a _____

   _____ .

UNITÉ 5

Nom _____

WRITING ACTIVITIES Leçon 17 (cont.)

D 7. Ma chambre

Make a floor plan of your room, indicating the position of the door,
the window(s), and the various pieces of furniture. Label everything
in French.

8. Où sont-ils?

Describe the cartoon by completing the sentences with the appropriate expressions of
location.

1. Le policier est _____ la voiture.

2. L'homme est _____ la voiture.

3. Le chien est _____ la voiture.

4. Le chat est _____ la voiture.

5. Le vélo est _____ la voiture.

UNITÉ 5

Nom _____

Classe _____ Date _____

WRITING ACTIVITIES Leçon 18 Vive la différence!

A 1. Au café

A group of friends is at a café. Read what everyone is ordering. Then say if they are hungry or thirsty, using the appropriate forms of **avoir faim** or **avoir soif.**

▶ Hélène commande *(orders)* un jus de tomate. Elle a soif. _____

1. Nous commandons une pizza. _____

2. Je commande une limonade. _____

3. Tu commandes un steak-frites. _____

4. Patrick commande un sandwich. _____

5. Vous commandez un jus de raisin. _____

6. Pauline et Sophie commandent un soda. _____

B 2. Au choix *(Your choice)*

Complete the sentences with one of the suggested nouns. Be sure to use **un** or **une,** as appropriate.

▶ Éric mange ____une pizza (un sandwich)_____ . (sandwich? pizza?)

1. Nathalie commande _____ . (glace? soda?)

2. Sophie écoute _____ . (cassette? disque?)

3. J'écris *(write)* avec _____ . (crayon? stylo?)

4. Pour mon anniversaire, je voudrais _____ . (vélo? radiocassette?)

UNITÉ 5

© D.C. Heath and Company. All rights reserved.

UNITÉ 5, Leçon 18 ■ Writing Activities   **145**

WRITING ACTIVITIES Leçon 18 (cont.)

C 3. Quel article?

Complete the following sentences with the suggested articles, as appropriate.

(un, une, des)

1. Dans le garage, il y a _____ voiture et _____ bicyclettes.

2. Dans ma chambre, il y a _____ chaises et _____ lit.

3. Thomas a _____ cassettes et _____ magnétophone.

4. Isabelle est _____ copine. Paul et Marc sont _____ copains.

(le, la, l', les)

5. _____ élèves et _____ professeur sont dans la classe.

6. _____ ordinateur est sur _____ bureau.

7. _____ livres sont sur _____ table.

8. Où sont _____ cassettes et _____ disques?

D 4. Pourquoi pas?

Sometimes we do not do certain things because we do not have what we need. Read about what the following people do not do. Then explain why by saying that they do not have one of the things in the box.

une télé	**une voiture**	*une radio*
une raquette	une montre	**un livre**

▶ Monsieur Dumont ne voyage pas. _Il n'a pas de voiture._

1. Claire ne regarde pas le match de foot. _____

2. Paul ne joue pas au tennis. _____

3. Henri n'écoute pas le concert. _____

4. Sophie n'étudie pas. _____

5. Jean n'est pas ponctuel *(punctual)*. _____

UNITÉ 5

WRITING ACTIVITIES Leçon 18 (cont.)

E 5. Qu'est-ce que tu préfères?

Indicate your preferences by choosing one of the items in parentheses.
(Note: * = a feminine singular noun; ** = a plural noun)

▶ (soda ou limonade*?) Je préfère la limonade (le soda). _____

1. (théâtre ou cinéma?) _____

2. (musique* ou sports**?) _____

3. (gymnastique* ou volley?) _____

4. (français ou maths**?) _____

5. (pizza* ou spaghetti**?) _____

6. (carottes** ou salade*?) _____

F 6. Quel jour?

Say on which days of the week you do the following things.

▶ J'ai une classe de maths le mardi et le jeudi _____ .

1. J'ai une classe de français _____ .

2. J'ai une classe de musique _____ .

3. Je dîne au restaurant _____ .

4. Je fais les courses *(go shopping)* _____ .

UNITÉ 5

	LUNDI	MARDI	MERCREDI	JEUDI	VENDREDI	SAMEDI
				Sciences économiques		Français
8h30 à 9h30	Histoire	Allemand		Sciences physiques	Allemand	Français
9h30 à 10h30	Anglais	Français	Anglais	(13h30)	Latin	Latin
10h30 à 11h30	Sport	Français	Sciences économiques	Maths	Sciences physiques	Histoire ou Civilisation
11h30 à 12h30	Français	Latin	Maths	(13h30)		
13h00 à 14h00				Allemand		
14h00 à 15h00	Sciences physiques	Maths		Histoire		
15h00 à 16h00	Géographie	Maths				
16h00 à 17h00	Civilisation	Anglais				

WRITING ACTIVITIES Leçon 18 (cont.)

7. 👥 Communication: En français!

1. You want to organize a party but you need help with the music.
   You phone your friend Mélanie.

   - *Tell her that you do not have a stereo.* _____

   - *Ask her if she has a tape recorder.* _____

   - *Ask her if she has cassettes.* _____

2. You have invited Stéphanie to your house.

   - *Ask her if she is thirsty.* _____

   - *Ask her if she likes orange juice.* _____

   - *Ask her if she wants to watch TV.* _____

UNITÉ 5

WRITING ACTIVITIES Leçon 19 Le copain de Mireille

A 1. Frères et soeurs

The following brothers and sisters are like each other. Describe the sisters, according to the model.

▶ Alain est blond.   Monique _est blonde_ _____ .

1. Marc est petit.   Yvonne _____ .

2. Philippe est grand.   Françoise _____ .

3. Jean-Claude est timide. Stéphanie _____ .

4. Pierre est intelligent. Alice _____ .

5. Paul est sympathique.   Juliette _____ .

6. Jérôme est beau.   Hélène _____ .

7. Julien est mignon.   Céline _____ .

8. Patrick est sportif.   Catherine _____ .

2. Cousin, cousine

Describe two cousins of yours, one male, one female. Write four sentences for each person. (Your sentences may be affirmative or negative.)

▶ Il n'est pas très grand. _____   Elle est assez mignonne. _____

Mon cousin s'appelle _____ .   Ma cousine s'appelle _____ .

1. _____   1. _____

2. _____   2. _____

3. _____   3. _____

4. _____   4. _____

UNITÉ 5

WRITING ACTIVITIES Leçon 19 (cont.)

A/B **3. Descriptions**

Complete the following descriptions with **le, la,** or **les** and the appropriate forms of the adjectives in parentheses.

▶ _Les_ livres sont _intéressants_ . (intéressant)

1. ____ cassette est _____ . (intéressant)

2. ____ livres sont _____ . (amusant)

3. ____ table est _____ . (grand)

4. ____ chambre est _____ . (petit)

5. ____ chiens sont _____ . (gentil)

4. Quelle nationalité?

Read where the people live and give their nationalities. (Be sure to give the appropriate form of the adjective.)

▶ Madame Li habite à Hong Kong. Elle _est chinoise_ .

1. Anne et Marie habitent à Québec. Elles _____ .

2. Madame Suárez habite à Mexico. Elle _____ .

3. Mon cousin habite à Zurich. Il _____ .

4. Silvia et Maria habitent à Rome. Elles _____ .

5. Peter et Jim habitent à Liverpool. Ils _____ .

6. M. et Mme Sato habitent à Kyoto. Ils _____ .

7. Delphine et Julie habitent à Paris. Elles _____ .

8. John et Mike habitent à Boston. Ils _____ .

UNITÉ 5

WRITING ACTIVITIES Leçon 19 (cont.)

C **5. Les voisins**

Sandrine is talking about her neighbors. Write what she says using the words in parentheses. Follow the model.

▶ (fille / amusant)   Catherine   _est une fille amusante_ .

1. (garçon / timide)   Charles _____ .

2. (amie / gentil)   Véronique _____ .

3. (homme / sympathique)   M. Dupont _____ .

4. (femme / intelligent)   Mme Bérard _____ .

A/B/C **6. Commérages** (Gossip)

Jean-Paul likes to talk about other people. Write what he says, using the suggested words.

▶ Philippe / avoir / amie / japonais

Philippe a une amie japonaise. _____

1. Frédéric / inviter / fille / anglais

_____

2. Jacques et Olivier / dîner avec / amies / canadien

_____

3. Bernard / téléphoner à / copine / mexicain

_____

4. Le professeur / avoir / élèves / bête

_____

5. Jean-Pierre / avoir / livres / intéressant

_____

UNITÉ 5

WRITING ACTIVITIES Leçon 19 (cont.)

7. 👥 Communication

Write a short letter in French in which you describe yourself and two of your best friends.

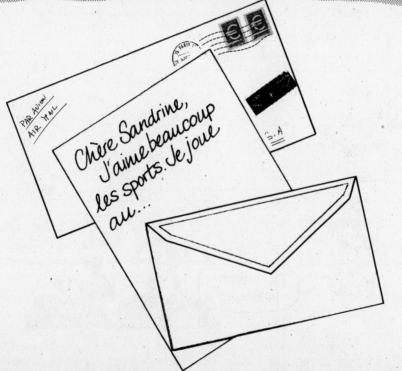

Chère Sandrine,
J'aime beaucoup
les sports. Je joue
au...

UNITÉ 5

WRITING ACTIVITIES   Leçon 20   La voiture de Roger

A 1. Drapeaux de pays francophones *(Flags of French-speaking countries)*

Color the flags according to the instructions.

B L E U	B L A N C	R O U G E

France

N O I R	J A U N E	R O U G E

Belgique

O R A N G E	B L A N C	V E R T

Côte d'Ivoire

2. De quelle couleur?

Describe the colors of the following items. (Use your imagination, if necessary.)

▶ Mon jean est _____ bleu _____ .

1. Mon tee-shirt est _____ .

2. Mon crayon est _____ .

3. Ma chambre est _____ .

4. Ma bicyclette est _____ .

5. Mon chien est _____ .

6. La voiture de ma famille est _____ .

WRITING ACTIVITIES Leçon 20 (cont.)

B 3. Descriptions
Complete the following descriptions by writing in the appropriate
form of one of the adjectives from the box.

bon	**mauvais**	grand	**beau**	petit

▶ San Francisco est une ___belle (grande)___ ville *(city)*.

1. New York est une _____ ville.

2. J'habite dans une _____ ville.

3. Ma famille a une _____ voiture.

4. J'ai une _____ chambre.

5. Les Red Sox sont une _____ équipe *(team)*.

6. Les Cowboys sont une _____ équipe.

7. Le président est un _____ président.

4. Le Rallye cycliste
A group of friends is bicycling together. Each one has a different
bicycle. Describe the bicycles using the suggested adjectives.

▶ Éric a ___un vélo anglais___. (anglais)

▶ Isabelle a ___un grand vélo___. (grand)

1. Philippe a _____. (italien)

2. Thomas a _____. (rouge)

3. Claire a _____. (petit)

4. Hélène a _____. (vert)

5. Marc a _____. (joli)

6. Laure a _____. (japonais)

UNITÉ 5

WRITING ACTIVITIES Leçon 20 (cont.)

C 5. Panne sèche *(Out of ink)*

Nathalie had planned to stress certain words by writing them in
red ink. She realized—too late—that her red pen had dried up.
Complete her assignment by filling in the missing words: **c'est,
il est,** or **elle est.**

1. Voici Jean-Pierre.

   _____ un copain.

   _____ canadien.

   _____ un garçon sympathique.

2. Voici Madame Leblanc.

   _____ une voisine.

   _____ une personne intéressante.

   _____ très intelligente.

3. Regarde la voiture là-bas.

   _____ une voiture française.

   _____ une Renault.

   _____ petite et rapide.

4. J'ai un scooter.

   _____ rouge.

   _____ italien.

   _____ un bon scooter.

UNITÉ 5

WRITING ACTIVITIES Leçon 20 (cont.)

D 6. Opinions personnelles

Here is a list of activities. Choose three activities you like and one activity you do not like. Explain why, using adjectives from the box.

ACTIVITÉS:

- danser
- chanter
- nager
- jouer au foot
- jouer au basket
- voyager

- visiter les musées
- organiser des boums
- inviter des copains
- étudier
- parler français
- travailler à la maison

chouette	pénible
super	facile
extra	difficile
drôle	

▶ J'aime organiser les boums. C'est chouette! _____

▶ Je n'aime pas visiter les musées. C'est pénible. _____

1. _____

2. _____

3. _____

4. _____

7. 👥 Communication: La voiture familiale (The family car)

Write a short description of your family car—or the car of someone you know. You may want to answer the following questions—in French, of course!

- *What make is it?* _____

- *Is it an American car?* _____

  (if not, what is it?) _____

- *What color is it?* _____

- *Is it large or small?* _____

- *Is it a good car?* _____

Nom _____

Classe _____ Date _____

READING AND CULTURE ACTIVITIES Unité 5

A. En France

1. You would go to this place if you had
a problem with your . . .

☐ bicycle
☐ watch
☐ car
☐ computer

2. This is an ad for . . .

☐ a book
☐ a cassette
☐ a concert
☐ a TV program

ASTORIA — Agent Citroën

Voitures neuves et occasions
Mécanique - Carrosserie - Dépannage

→ consultez l'Annuaire Electronique

Nom ASTORIA
Loc STRASBOURG
Dept 67

Nouvelle Citröen XM
La route maitrisée

UN LIVRE QUI N'A PAS FINI
DE FAIRE JAZZER.

JAZZ
LES INCONTOURNABLES

3. According to this ad, which of the
following items could you buy at this
store?

☐ A tape recorder.
☐ A typewriter.
☐ A computer.
☐ A movie camera.

THOMSON

machines à laver
réfrigérateurs
congélateurs
cuisinières
lave-vaisselle
téléviseurs
magnétophones
électrophones
transistors
hi-fi

SDRM · 67, quai Paul Doumer - B.P. 130 - 92402 Courbevoie

UNITÉ 5

Nom _____

READING AND CULTURE ACTIVITIES Unité 5 (cont.)

**30 chambres
plein centre ville,
à 100 m de la gare
et du lac**

T.V. - Téléphone
Insonorisation

*Wir sprechen Deutsch
We speak English*

PARMELAN
★★
Annecy coup de coeur

41, av. Romains
74000 ANNECY
Tel. 04 50 57 14 89

4. The following ad was placed by
Parmelan, which is the name of . . .
- ☐ a hotel
- ☐ a travel agency
- ☐ a phone company
- ☐ a TV store

L'ORDINATEUR INDIVIDUEL

le magazine de l'informatique pour tous

5. You would buy this magazine if you
were interested in . . .
- ☐ music
- ☐ photography
- ☐ history
- ☐ computers

LIBRAIRIE • PAPETERIE • DISQUES

GIBERT JOSEPH

achat vente **4000**м² à **PARIS** *neuf occasion*

**LIBRAIRIE UNIVERSITAIRE ET GENERALE
DISQUES**
26, BOULEVARD Saint-Michel
**LIBRAIRIE SCOLAIRE
SERVICE ACHAT OCCASION**
5, rue Racine
PAPETERIE
30, BOULEVARD Saint-Michel

Ⓜ RER : ODEON • CLUNY-SORBONNE • LUXEMBOURG

6. According to the ad, this would be
the place to go if you wanted to buy . . .
- ☐ used records
- ☐ secondhand typewriters
- ☐ stereo equipment
- ☐ old clothes

UNITÉ 5

READING AND CULTURE ACTIVITIES Unité 5 (cont.)

B. Articles à vendre

You are in France and have gone to the local supermarket. There,
on the board, you see the following announcements for items for sale.

OCCASION EXCEPTIONNELLE
vends
Appareil-photo OLYMPUS AM 100
avec Flash intégré
Prix: **50€**
Téléphoner à Sophie Lebihan
01.49.22.61.32

- What is Sophie selling? _____

  What price is she asking? _____

- How can you reach her? _____

À VENDRE
Vélo tout terrain
10 vitesses
Excellente condition
Prix: à débattre
Téléphoner à Didier Muller
entre 16 heures et 19 heures
03. 88. 22. 61. 32

- What is Didier selling? _____

  What price is he asking? _____

- When can you reach him? _____

READING AND CULTURE ACTIVITIES Unité 5 (cont.)

C. Le club des Correspondants

You have been looking at a French youth magazine and noticed the following requests for pen pals.

Le club des Correspondants

Garçon français,
16 ans, brun, yeux bleus, sympathique mais un peu timide, voudrait correspondre avec Américaine ou Anglaise parlant le français. Aime le sport, le ciné et la moto. Joindre photo. Réponse assurée.

   Olivier Lambesq
   25, place Gambetta
   24100 Bergerac

Jeune Américain,
16 ans, voudrait correspondre avec jeunes Français du même âge parlant l'anglais. Aime le ciné, la musique classique et la moto. Joindre photo. Réponse assurée.

   Patrick Smith
   1329 Cole Street
   San Francisco, CA 94117

Jeune Française,
15 ans, sportive (tennis, basket, ski) désire correspondre avec étudiants américains ou anglais du même âge pour échanger posters et cassettes de rock et de rap.
Écrire à:

   Dominique Loiseau
   32, rue du Dragon
   75006 Paris

Je m'appelle Julie,
et j'ai douze ans. Je voudrais correspondre avec un garçon canadien de 13 à 15 ans, parlant anglais, pour échanger cassettes. J'aime le jazz, le rock et le rap.

   Julie Cartier
   25, rue Colbert
   63000 Clermont-Ferrand.

J'aime la danse,
le cinéma et la musique. J'ai 16 ans et je suis française. Je voudrais correspondre avec fille ou garçon de mon âge, de préférence porto-ricain ou mexicain, pour échanger cassettes de musique latine ou de guitare espagnole.

   Carole Gaune
   45, boulevard de la Mer
   76200 Dieppe, France

Mots croisés

• Which of the young people like music?

_____

Which one does not mention music? _____

• Which ones want to trade things? _____

What do they want to trade? _____

• Which ones mention sports? _____

• Would you like to correspond with any of these young people?

Why or why not? _____

UNITÉ 5

POUR COMMUNIQUER

COMMUNICATIVE EXPRESSIONS AND THEMATIC VOCABULARY

Unité 5 Le monde personnel et familier

▶ CULTURAL CONTEXT: **People and their possessions**

COMMUNICATIVE EXPRESSIONS

Asking what things people have
> Est-ce que tu as . . . ?
>> Oui, j'ai . . .
> Non, je n'ai pas (de) . . .

Asking what there is
> Qu'est-ce qu'il y a?
> Est-ce qu'il y a . . . ?
>> Il y a . . .
> Il n'y a pas (de) . . .

Asking where something is
> Où est . . . ?
>> Il/Elle est | dans . . .
>> | sur . . .
>> | sous . . .
>> | devant . . .
>> | derrière . . .

Asking if something works
> Est-ce qu'il/elle marche?

Saying that you know or do not know
> Je sais.
> Je ne sais pas.

Giving an opinion on an activity
> C'est . . .   chouette   bien
>>   difficile   mal
>>   drôle
>>   extra
>>   facile
>>   faux
>>   pénible
>>   super
>>   vrai

··

VOCABULARY

People

des gens	une personne
un camarade	une camarade
un élève	une élève
un étudiant	une étudiante
un homme	une femme
un professeur	
un voisin	une voisine

Objects and things

un objet		une chose	
un appareil-photo	un sac	une affiche	une montre
un compact	un scooter	une auto	une moto
un crayon	un stylo	une bicyclette	une radio
un disque	un téléphone	une calculatrice	une radiocassette
un livre	un vélo	une cassette	une raquette
un magnétophone	un walkman	une chaîne stéréo	une télé
un ordinateur		une guitare	une voiture
		une mobylette	

COMMUNICATIVE EXPRESSIONS AND THEMATIC VOCABULARY

VOCABULARY (*continued*)

In a room

une chambre	un bureau	une chaise
une fenêtre	un lit	une table
une porte		

Description of people

- *physical features*

beau, belle	grand	joli
blond	jeune	petit
brun		

- *personality traits*

amusant	intéressant	sportif, sportive
bête	méchant	sympathique
gentil, gentille	mignon, mignonne	timide
intelligent		

- *nationalities*

américain	espagnol	japonais
anglais	français	mexicain
canadien, canadienne	italien, italienne	suisse
chinois		

Colors

De quelle couleur est . . . ?

blanc, blanche	noir
bleu	orange
gris	rose
jaune	rouge
marron	vert

Other descriptions

bon, bonne	mauvais

Verbs

avoir	marcher
avoir faim	
avoir soif	

Other words and expressions

assez	si *(yes)*	le lundi	alors
très		le weekend	dis!
			dis donc!

UNITÉ 5

UNITÉ 6
En ville

LISTENING ACTIVITIES
Leçons 21–24

WRITING ACTIVITIES
Leçons 21–24

READING AND CULTURE ACTIVITIES
Unité 6

POUR COMMUNIQUER

Communicative Expressions and Thematic Vocabulary

CASSETTE WORKSHEET Leçon 21 Le français pratique: La ville et la maison

| Section 1 | **La ville de Nathalie** |

A. *Compréhension orale*

▶ Dans ma rue, il y a . . .

   a. ☑ un hôtel

   b. ☑ un magasin

   ⓒ ☐ un café

   d. ☑ un restaurant

1. Dans ma rue, il y a . . .

   a. ☐ une bibliothèque

   b. ☐ un cinéma

   c. ☐ un magasin

   d. ☐ un supermarché

2. Dans mon quartier, il y a . . .

   a. ☐ une église

   b. ☐ une école

   c. ☐ un hôpital

   d. ☐ un café

3. Dans ma ville, il y a . . .

   a. ☐ une bibliothèque

   b. ☐ une église

   c. ☐ un théâtre

   d. ☐ un musée

4. Dans ma ville, il y a aussi . . .

   a. ☐ un supermarché

   b. ☐ un hôpital

   c. ☐ un centre commercial

   d. ☐ une piscine

5. Il y a aussi . . .

   a. ☐ un stade

   b. ☐ une plage

   c. ☐ un parc

   d. ☐ un musée

UNITÉ 6

CASSETTE WORKSHEET Leçon 21 (cont.)

| Section 2 | **Qu'est-ce que c'est?** |

B. *Questions et réponses*

▶ — Qu'est-ce que c'est?
— **C'est un cinéma.**

▶ *LE CYRANO*
CINÉMA

| Section 3 | **Monologue: La ville de Tours** |

C. *Compréhension orale*

KEY

A. Bibliothèque municipale
B. Château de Tours
C. Cathédrale
D. Quartier du Vieux Tours
E. Restaurant Buré
F. Lycée Descartes
G. Rue Nationale et les Nouvelles Galeries
H. Hôtel de ville
I. Avenue de Grammont et le Café de l'Univers
J. Jardin des Prébendes
K. Piscine municipale

UNITÉ 6

Nom _____

CASSETTE WORKSHEET Leçon 21 (cont.)

D. *Compréhension orale*

KEY

See Key on page 166.

Write the number of each sentence in the appropriate box on the map.

CASSETTE WORKSHEET   Leçon 21   (cont.)

| Section 4 | **Pardon. Excusez moi!** |

E. *Compréhension orale*

1. Le Café de l'Univers?
   a. ☐ C'est tout droit.
   b. ☐ C'est là-bas à droite.
   c. ☐ C'est là-bas à gauche.

2. Le Grand Hôtel?
   a. ☐ C'est loin.
   b. ☐ Ce n'est pas très loin.
   c. ☐ C'est à côté *(next door)*.

3. Un restaurant?
   a. ☐ Là-bas, vous tournez à gauche.
   b. ☐ Là-bas, vous tournez à droite.
   c. ☐ Là-bas, vous allez tout droit.

4. La cathédrale?
   a. ☐ Vous continuez tout droit.
   b. ☐ Vous tournez à droite et vous continuez tout droit.
   c. ☐ Vous tournez à gauche et vous continuez tout droit.

| Section 5 | **La maison d'Olivier** |

F. *Compréhension orale*

À votre tour!

Section 6. La bonne réponse

 Allez à la page 196.

Section 7. Créa-dialogue

 Allez à la page 196.

Section 8. Où est-ce?

 Allez à la page 196.

UNITÉ 6

DISCOVERING
FRENCH – *BLEU*

CASSETTE WORKSHEET Leçon 22 Weekend à Paris

Section 1 Weekend à Paris

A. *Compréhension orale*

Aujourd'hui c'est samedi.
Les élèves ne vont pas en classe.
Où est-ce qu'ils vont alors?
Ça dépend!

Thomas va au café.
Il a un rendez-vous avec une copine.

Florence et Karine vont aux Champs-Élysées.
Elles vont regarder les magasins de mode.
Après, elles vont aller au cinéma.

Daniel va chez son copain Laurent.
Les garçons vont jouer au ping-pong.
Après, ils vont aller au musée des sciences de la Villette.
Ils vont jouer avec les machines électroniques.

Béatrice a un grand sac et des lunettes de soleil.
Est-ce qu'elle va à un rendez-vous secret?
Non! Elle va au Centre Pompidou.
Elle va regarder les acrobates.
Et après, elle va écouter un concert.

Et Jean-François? Qu'est-ce qu'il va faire aujourd'hui?
Est-ce qu'il va visiter le Centre Pompidou?
Est-ce qu'il va regarder les acrobates?
Est-ce qu'il va écouter un concert?
Hélas, non!
Il va rester à la maison.
Pourquoi? Parce qu'il est malade.
Pauvre Jean-François!
Il fait si beau dehors!

Section 2 Où allez-vous?

B. *Compréhension orale*

a. ___ au stade

b. ___ au café

c. _1_ à l'école

d. ___ au musée

e. ___ au centre commercial

f. ___ au restaurant

g. ___ au lycée

h. ___ au supermarché

Section 3 Où est-ce que tu vas?

C. *Compréhension orale*

a. ___ la bibliothèque

b. ___ l'hôtel

c. ___ la piscine

d. ___ le cinéma

Tu vas au café?

Non, je vais à la plage.

Nom _____

DISCOVERING FRENCH – *BLEU*

CASSETTE WORKSHEET   Leçon 22   (cont.)

Section 4   **Où vont-ils?**

D. *Questions et réponses*

▶ —Est-ce qu'il va au restaurant ou au stade?
—**Il va au restaurant.**

Section 5   **Qu'est-ce que vous allez faire?**

E. *Compréhension orale*

a. ____

b. ____

c. ____

d. __1__

e. ____

f. ____

g. ____

h. ____

i. ____

UNITÉ 6

CASSETTE WORKSHEET Leçon 22 (cont.)

| Section 6 | **Tu vas nager?** |

F. *Questions et réponses*

▶ —Tu vas nager?
   —**Oui, je vais nager.**
     (Non, je ne vais pas nager.)

| Section 7 | **Dialogue: Julien travaille** |

G. *Compréhension orale*

1. Julien reste avec ses amis.   vrai   faux
2. Julien va à la piscine.   vrai   faux
3. Julien va nager.   vrai   faux
4. Julien va travailler.   vrai   faux
5. Quand les copains arrivent à la piscine, Julien n'est pas là.   vrai   faux

UNITÉ 6

CASSETTE WORKSHEET **Leçon 22** (cont.)

Section 8 **Prononciation**

H. *Les semi-voyelles* /w/ *et* /j/

Écoutez: <u>oui</u>   très b<u>ien</u>

In French, the semi-vowels /**w**/ and /**j**/ are pronounced very quickly, almost like consonants.

Répétez: /w/   <u>oui</u>   ch<u>ou</u>ette   L<u>ou</u>ise

/wa/, /w ɛ̃/   m<u>oi</u>   t<u>oi</u>   pourqu<u>oi</u>   v<u>oi</u>ture   l<u>oin</u>
Chouette! La v<u>oi</u>ture de L<u>ou</u>ise n'est pas l<u>oin</u>.

/j/   b<u>ien</u>   ch<u>ien</u>   rad<u>io</u>   p<u>ia</u>no   P<u>ie</u>rre   Dan<u>ie</u>l
v<u>io</u>lon   p<u>ie</u>d   étud<u>ia</u>nt
P<u>ie</u>rre écoute la rad<u>io</u> avec Dan<u>ie</u>l.

À votre tour!

Section 9. Allô!

   Allez à la page 208.

Section 10. Créa-dialogue

   Allez à la page 208.

UNITÉ 6

CASSETTE WORKSHEET Leçon 23 Au Café de l'Univers

| Section 1 | Au Café de l'Univers |

A. *Compréhension orale*

Où vas-tu après les classes?
Est-ce que tu vas directement chez toi?
Monique, elle, ne va pas directement chez elle.
Elle va au Café de l'Univers avec ses copines Anne-Marie et Estelle.
Elle vient souvent ici avec elles.

À la table de Monique la conversation est toujours tres animée.
De quoi parlent les filles aujourd'hui?

Est-ce qu'elles parlent de l'examen d'histoire? du problème de maths? de la classe de
sciences?
Non!

Est-ce qu'elles parlent du weekend prochain? des vacances?
Non plus!

Est-ce qu'elles parlent du nouveau copain de Marie-Claire? de la cousine de Pauline?
des amis de Véronique?
Pas du tout!

Aujourd'hui, les filles parlent d'un sujet beaucoup plus important! Elles parlent du
nouveau prof d'anglais! (C'est un jeune professeur américain. Il est très intéressant,
très amusant, très sympathique . . . et surtout il est très mignon!)

CASSETTE WORKSHEET   Leçon 23   (cont.)

Section 2   Quels sports est-ce que vous pratiquez?

B. *Compréhension orale*

a. _____

b. _____

c. <u>1</u>

d. _____

e. _____

Section 3   Tu veux jouer au volley?

C. *Compréhension orale*

a. _____

b. _____

c. _____

UNITÉ 6

DISCOVERING FRENCH – BLEU

CASSETTE WORKSHEET Leçon 23 (cont.)

Section 4 **Est-ce que Paul joue au tennis?**

D. *Questions et réponses*

▶ —Est-ce que Paul joue au tennis ou au ping-pong?
—**Il joue au ping-pong.**

Section 5 **De quel instrument est-ce que tu joues?**

E. *Compréhension orale*

a. ____ le piano   **b.** _1_ la flûte   **c.** ____ la guitare   **d.** ____ la batterie

e. ____ le violon   **f.** ____ le saxo   **g.** ____ la clarinette

UNITÉ 6

CASSETTE WORKSHEET Leçon 23 (cont.)

| Section 6 | Dialogue: Interview avec Éric |

F. *Compréhension orale*

1. Éric aime la musique.   vrai   faux
2. Il aime le rock et le jazz.   vrai   faux
3. Il joue de la clarinette.   vrai   faux
4. Il joue dans un orchestre.   vrai   faux
5. L'orchestre joue dans des boums.   vrai   faux

| Section 7 | Prononciation |

G. *Les voyelles* /ø/ *et* /œ/

Écoutez: **deux   neuf**

The letters "**eu**" and "**oeu**" represent vowel sounds that do not exist in English but that are not very hard to pronounce.

Répétez:

/ø/   d**eu**x   **eu**x   je v**eu**x
      je p**eu**x   un p**eu**   j**eu**x
      il pl**eu**t
      Tu p**eu**x aller chez **eu**x.

/œ/   n**eu**f   s**oeu**r   h**eu**re
      prof**e**ss**eu**r   j**eu**ne
      Ma s**oeu**r arrive à n**eu**f h**eu**res.

À votre tour!

Section 8.   Conversation

   Allez à la page 218.

Section 9.   Créa-dialogue

   Allez à la page 218.

CASSETTE WORKSHEET Leçon 24 Mes voisins

| Section 1 | **Mes voisins** |

A. *Compréhension orale*

Bonjour!
Je m'appelle Frédéric Mallet.
J'habite à Versailles avec ma famille.
Nous habitons dans un immeuble de six étages.
Voici mon immeuble et voici mes voisins.
Monsieur Lacroche habite au sixième étage avec sa femme. Ils sont musiciens. Lui, il joue du piano et elle, elle chante. Oh là là, quelle musique!
Mademoiselle Jolivet habite au cinquième étage avec son oncle et sa tante.
Paul, mon meilleur ami, habite au quatrième étage avec sa soeur et ses parents.
Mademoiselle Ménard habite au troisième étage avec son chien Pomme, ses deux chats Fritz et Arthur, son perroquet Coco et son canari Froufrou. (Je pense que c'est une personne très intéressante, mais mon père pense qu'elle est un peu bizarre.)
Monsieur et Madame Boutin habitent au deuxième étage avec leur fils et leurs deux filles.
Et qui habite au premier étage?
C'est un garçon super-intelligent, super-cool et très sympathique! Et ce garçon . . . c'est moi!

| Section 2 | **La famille** |

B. *Écoutez et répétez.*

📖 Allez à la page 223.

| Section 3 | **La famille de Frédéric** |

C. *Questions et réponses*

▶ —Qui est Éric Vidal?
   —C'est le cousin
   de Frédéric.

CASSETTE WORKSHEET   Leçon 24 (cont.)

| Section 4 | **C'est ma maison** |

D. *Écoutez et écrivez.*

▶ Eh bien, voilà. C'est _____ma_____ maison.

1. Et ça, c'est la maison des voisins. C'est _____ maison.

2. Ça, c'est _____ voiture. Et ça, c'est leur voiture.

3. Voici _____ mobylette.

4. Et voilà la mobylette de mon frère. C'est _____ mobylette.

5. Voici _____ living.

6. Voici _____ chambre.

7. Et voici la chambre de mes parents. C'est _____ chambre.

8. Voici la chambre de ma soeur. C'est _____ chambre.

9. Ah, mais ça, ce n'est pas son walkman. C'est _____ walkman!

CASSETTE WORKSHEET Leçon 24 (cont.)

| Section 5 | C'est ta voiture? |

E. *Écoutez et écrivez.*

1. — C'est _____ voiture?

— Eh bien, oui, c'est _____ voiture.

2. — C'est _____ voiture?

— Euh, oui, c'est _____ voiture.

3. — C'est _____ stylo?

— Non, ce n'est pas _____ stylo!

4. — C'est _____ maison?

— Oui, c'est _____ maison.

— C'est _____ maison.

5. — C'est _____ sandwich!

— Non, ce n'est pas _____ sandwich. C'est _____ sandwich!

— Mais non, ce n'est pas _____ sandwich.

C'est _____ sandwich!

6. — Salut, Richard!

— Salut, Sophie!

— C'est _____ copain?

— Non, c'est le copain de _____ cousine.

— Ah, bon, dommage!

CASSETTE WORKSHEET Leçon 24 (cont.)

| Section 6 | Dialogue: C'est ta famille?

F. *Compréhension orale*

a. _____ la grand-mère d'Olivier

b. _____ la mère d'Olivier

c. _____ la soeur d'Olivier

d. _____ la tante Alice

e. _____ le mari de tante Alice

f. _____ l'oncle Édouard

g. _____ le père d'Olivier

h. _____ les cousins d'Olivier

i. _____ Olivier

 1.   2.   3.

 4.   5.

| Section 7 | Prononciation

G. *Les voyelles* /o/ et /ɔ/

Écoutez: **vélo   téléphone**

The French vowel /o/ is pronounced with more tension than in English. It is usually the last sound in a word.

Répétez: /o/ **vélo   radio   nos   vos   eau**
château   chaud
Nos vélos sont au château.

The French vowel /ɔ/ occurs in the middle of a word. Imitate the model carefully.

Répétez: /ɔ/ **téléphone   école   Nicole   notre**
votre   copain   prof   dommage
Comment s'appelle votre prof?

À votre tour!

Section 8. Allô!

 Allez à la page 228.

Section 9. Créa-dialogue

 Allez à la page 228.

WRITING ACTIVITIES Leçon 21   Le français pratique: La ville et la maison

A/B **1. Bienvenue à Bellerive-du-Lac** *(Welcome to Bellerive-du-Lac)*

Imagine that you are spending your vacation in the small French town of Bellerive-du-Lac. The various facilities that the town has to offer are represented on an information panel. List as many of these facilities as you can.

BIENVENUE À
BELLERIVE-DU-LAC
INFORMATION

À Bellerive, il y a . . .

(1) _un hôtel_____

(2) _____

(3) _____

(4) _____

(5) _____

(6) _____

(7) _____

(8) _____

(9) _____

A/B **2. Mon quartier**

Name three different places of interest in the area where you live. Describe each one briefly.

▶ Dans mon quartier, il y a un restaurant français. Il s'appelle Chez Tante Louise.

 C'est un assez bon restaurant._____

1. _____

_____

2. _____

_____

3. _____

_____

WRITING ACTIVITIES   Leçon 21   (cont.)

C/D 3. Où est-ce?

Imagine that you are living in a French town. Someone is asking you for directions. Help the person out, according to the suggestions.

▶ — Pardon, où est l'hôtel Beau-Rivage?

— C'est _____ *tout droit* _____ !

1. — S'il vous plaît, où est l'hôpital Velpeau?

— C'est _____ !

2. — Excusez-moi, où est la bibliothèque municipale?

— C'est _____ !

3. — Pardon, où sont les toilettes?

— C'est _____ !

4. — S'il vous plaît, où est le garage?

— C'est _____ !

D 4. Ma maison

Draw a floor plan of your house or apartment. Label each room. (If you prefer, you can draw the floor plan of your dream house.)

UNITÉ 6

WRITING ACTIVITIES Leçon 22 Weekend à Paris

A 1. La tour Eiffel

Fit the six forms of **aller** into the Eiffel Tower. Then fill in the blanks to the left with the corresponding subject pronouns.

1. _____

2. _____

3. _____

4. _____

5. _____

6. _____

A/B 2. Le weekend

On weekends, people go to different places. Read what the following people like to do. Then say where each one is going by choosing an appropriate place from the list. Use the appropriate forms of **aller à**.

piscine	restaurant	cinéma	musée	stade
plage	bibliothèque	concert	centre commercial	

▶ Caroline aime nager. _Elle va à la piscine._____

1. Philippe et Jean-Louis aiment jouer au football. _____

2. Mademoiselle Bellamy aime l'art moderne. _____

3. Brigitte aime les westerns. _____

4. Paul et Marc aiment la musique. _____

5. J'aime regarder les magazines français. _____

6. Tu aimes dîner en ville. _____

7. Nous aimons nager. _____

8. Vous aimez le shopping. _____

UNITÉ 6

WRITING ACTIVITIES Leçon 22 (cont.)

B 3. Qu'est-ce qu'ils font?

Describe what the following people are doing. Use the suggested words to form complete sentences.

▶ Jacqueline / parler à / le garçon français

Jacqueline parle au garçon français. _____

1. Marc / parler à / le professeur

_____

2. Le professeur / parler à / les élèves

_____

3. Le guide / parler à / les touristes

_____

4. Nathalie / téléphoner à / le garçon canadien

_____

5. Hélène / téléphoner à / l'étudiant français

_____

6. Jean-Pierre / être à / le cinéma

_____

7. Juliette / étudier à / la bibliothèque

_____

8. Le taxi / arriver à / l'aéroport

_____

UNITÉ 6

WRITING ACTIVITIES Leçon 22 (cont.)

C 4. Les voisins de Mélanie

Mélanie is selling tickets to the school fair and hopes her neighbors
will buy some. Indicate that Mélanie is visiting the houses in the
illustration. Use the expression **chez.**

▶ Mélanie va _chez Bernard_____ .

1. Elle va _____ .

2. Elle va _____ .

3. Elle va _____ .

4. Elle va _____ .

UNITÉ 6

WRITING ACTIVITIES Leçon 22 (cont.)

D 5. Qu'est-ce qu'ils vont faire?

The following people are going out. Describe what each one is going to do, using the construction **aller** + infinitive.

▶ Je _vais faire une promenade à vélo_ .

1	2	3	4	5

1. Nous _____ .

2. Vous _____ .

3. Tu _____ .

4. Sylvie _____ .

5. M. et Mme Dumaine _____ .

6. 👥 Communication: Le weekend

Write a short paragraph about your weekend plans. Describe four things that you are going to do and two things you are not going to do.

OUI!

• _____

• _____

• _____

• _____

NON!

• _____

• _____

UNITÉ 6

Nom _____

Classe _____ Date _____

WRITING ACTIVITIES Leçon 23 Au Café de l'Univers

A 1. La boum de Catherine

Catherine is organizing a party. Say who is coming and who is not, using the appropriate forms of **venir**.

▶ Claire a un examen demain. *Elle ne vient pas.* _____

1. Philippe et Antoine aiment les boums. _____

2. Je dois étudier. _____

3. Nous aimons danser. _____

4. Tu acceptes l'invitation. _____

5. Vous n'êtes pas invités. _____

6. Thomas est malade *(sick)*. _____

A/B 2. D'où viennent-ils?

It is dinner time and everyone is going home. Say which places each person is coming from.

▶ Éric _____ *vient du cinéma* _____ .

1.   **2.**   **3.**   **4.**   **5.**

1. Nathalie _____ .

2. Les élèves _____ .

3. Nous _____ .

4. Monsieur Loiseau _____ .

5. Vous _____ .

WRITING ACTIVITIES Leçon 23 (cont.)

B 3. À la Maison des Jeunes
La Maison des Jeunes is a place where young people go for all kinds
of different activities. Say what the following people are doing, using
jouer à or **jouer de,** plus the activity illustrated.

▶ Nous *jouons au ping-pong* _____.

1. Diane _____.

2. Stéphanie et Claire _____.

3. Vous _____.

4. Tu _____.

5. Marc et Antoine _____.

6. Ma cousine _____.

C 4. Conversations
Complete the following mini-dialogues, using stress pronouns to
replace the underlined nouns.

▶ —Tu dînes avec <u>Jean-Michel</u>?

  —Oui, *je dîne avec lui* _____.

1. —Tu étudies avec <u>ta copine</u>?

  —Oui, _____.

2. —Tu travailles pour <u>Monsieur Moreau</u>?

  —Oui, _____.

3. —Tu vas chez <u>Vincent et Thomas</u>?

  —Oui, _____.

4. —Tu voyages avec <u>Hélène et Alice</u>?

  —Oui, _____.

UNITÉ 6

WRITING ACTIVITIES Leçon 23 (cont.)

5. L'orage *(The storm)*
Because of the storm, everyone is staying home today. Express this by completing the sentences below with **chez** and the appropriate stress pronoun.

▶ Nous étudions _____*chez nous*_____ .

1. Monsieur Beaumont reste _____ .

2. Madame Vasseur travaille _____ .

3. Je regarde une vidéocassette _____ .

4. Tu joues à Nintendo _____ .

5. Vous dînez _____ .

6. Vincent et Philippe jouent aux échecs _____ .

7. Cécile et Sophie étudient _____ .

8. Jean-Paul regarde la télé _____ .

D 6. Qu'est-ce que c'est?
Identify the following objects more specifically.

▶ C'est une raquette ___*de tennis*___ .

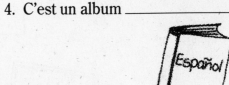

1. C'est une raquette _____ .

4. C'est un album _____ .

2. C'est un ballon _____ .

5. C'est un livre _____ .

3. C'est une batte _____ .

6. C'est une cassette _____ .

UNITÉ 6

WRITING ACTIVITIES Leçon 23 (cont.)

7. Communication

1. Et vous?

Describe your leisure activities.

Say . . .

- *which sports you play* _____

- *which games you play* _____

- *which instrument(s) you play* _____

2. Lettre à Jérôme

Your friend Jérôme is going to spend Saturday with you.

Ask him . . .

- *at what time he is coming*

- *if he plays tennis*

- *if he has a tennis racket*

- *if he likes to play chess*

Tell him that you are going to have dinner at your cousins'.

Ask him . . .

- *if he wants to go to their place too*

- *what time he has to go home*

UNITÉ 6

Nom _____

Classe _____ Date _____

WRITING ACTIVITIES Leçon 24 Mes voisins

A 1. La consigne *(The check room)*

The following objects have been left at the check room, tagged with their owner's names. Identify each item.

▶ _C'est la guitare de Stéphanie._____

1. _____

2. _____

3. _____

4. _____

5. _____

Jacques Lebel   Marie Lebel

Jean-Paul Jamin   Christine Jamin   André Lebel   Nathalie Lebel

Annie Jamin   Éric Jamin   Marc Jamin   Cédric Lebel   Catherine Lebel

2. En famille

Look at the family tree and explain the relationships between the following people.

▶ Jean-Paul Jamin est _____le mari_____ de Christine Jamin.

1. Nathalie Lebel est _____ d'André Lebel.

2. Jacques et Marie Lebel sont _____ de Cédric.

3. Marie Lebel est _____ de Christine Jamin.

4. Éric et Marc sont _____ de Christine Jamin.

5. Cédric est _____ d'Éric.

6. Catherine est _____ de Marc.

7. Catherine est _____ d'André et Nathalie Lebel.

8. Jean-Paul Jamin est _____ de Cédric et de Catherine.

9. Nathalie Lebel est _____ d'Annie Jamin.

WRITING ACTIVITIES Leçon 24 (cont.)

B **3. En vacances**

The following people are spending their vacations with friends or family. Complete the sentences below with **son, sa,** or **ses,** as appropriate.

1. Guillaume voyage avec _____ soeur et _____ parents.

2. Juliette visite Paris avec _____ frère et _____ cousines.

3. Paul va chez _____ ami Alain.

4. Sandrine est chez _____ amie Sophie.

5. En juillet, Jean-Paul va chez _____ grands-parents. En août, il va chez _____ tante Marthe. En septembre, il va chez _____ amis anglais.

6. Hélène va chez _____ grand-père. Après (*afterwards*), elle va chez _____ oncle François.

B/C **4. Pourquoi pas?**

The following people are not engaged in certain activities because they do not have certain things. Complete the sentences with **son, sa, ses, leur,** or **leurs** and an appropriate object from the box. Be logical.

radio	**voiture**	*ordinateur*	**mobylette**
stylos	raquettes	**livres**	

▶ Isabelle et Cécile n'étudient pas. Elles n'ont pas _leurs livres_ .

1. Pierre et Julien ne jouent pas au tennis. Ils n'ont pas _____.

2. Philippe ne va pas en ville. Il n'a pas _____.

3. Alice et Claire n'écoutent pas le concert. Elles n'ont pas _____.

4. Madame Imbert ne travaille pas. Elle n'a pas _____.

5. Mes parents ne voyagent pas. Ils n'ont pas _____.

6. Les élèves n'écrivent pas (*are not writing*). Ils n'ont pas _____.

UNITÉ 6

WRITING ACTIVITIES Leçon 24 (cont.)

5. Le weekend

On weekends we like to do things with our friends and relatives. Complete the sentences below with the appropriate possessive adjectives.

▶ Nous faisons une promenade en voiture avec ____*nos*____ parents.

1. Isabelle et Francine vont au cinéma avec _____ cousins.

2. Je joue au tennis avec _____ copains.

3. Tu dînes chez _____ oncle.

4. Philippe et Marc vont au restaurant avec _____ copines.

5. Hélène fait une promenade à vélo avec _____ frère.

6. Nous téléphonons à _____ grand-mère.

7. Vous allez au musée avec _____ oncle.

8. Nous jouons aux cartes avec _____ amis.

9. Vous visitez un musée avec _____ soeur.

MUSEE PICASSO

MUSEE D'HISTOIRE ET D'ARCHEOLOGIE

D 6. La course cycliste

Say how the following people finished the bicycle race.

Jean-Paul   Nicolas Philippe   Hélène Thomas

    Claire   Stéphanie   Marc

ARRIVÉE

▶ Nicolas ___*est sixième*___ .   4. Hélène _____ .

1. Philippe _____ .   5. Jean-Paul _____ .

2. Claire _____ .   6. Thomas _____ .

3. Marc _____ .   7. Stéphanie _____ .

WRITING ACTIVITIES Leçon 24 (cont.)

7. 👥 **Communication: La famille de mes amis**

Think of two of your friends. For each one, write four sentences
describing his/her family. (If you wish, you can describe the families
of imaginary friends.)

▶ Mon copain s'appelle ___Tom___.

    Sa soeur s'appelle Wendy.

    Son père travaille dans un magasin.

    Sa mère travaille dans un hôpital.

    Ses cousins habitent à Cincinnati.

• Mon copain s'appelle _____.

_____

_____

_____

_____

• Ma copine s'appelle _____.

_____

_____

_____

_____

UNITÉ 6

READING AND CULTURE ACTIVITIES Unité 6

A. En voyage

1. This ad is for . . .
- ☐ a vacation condo for sale
- ☐ a house for sale
- ☐ a house for rent
- ☐ a small hotel

Auberge pasta PIERRE

**Cette belle d'autrefois
au coeur du village de Rawdon!**

Salle à manger de 132 places
22 chambres, piscine extérieure
Bar, discothèque, terrasse
Grand salon avec foyer
Forfaits 4 saisons

**3663, rue Queen, Rawdon
J0K 1S0, (514) 834-5417**

2. This concert is going to be held . . .
- ☐ in a subway station
- ☐ in a school
- ☐ in a concert hall
- ☐ in a church

EGLISE de la MADELEINE
Place et métro Madeleine

Jeudi 29 novembre à 20h 30

MOZART
Concerto pour Clarinette en La M.
REQUIEM

Monique POURADIER DUTEIL, soprano
Sylvie OUSSENKO, mezzo-soprano
Francis BARDOT, ténor
Thierry de GROMARD, basse
Marie-Cécile COURCIER, clarinette

Chœurs de Montmorency
(chef des chœurs : **Philippe BRANDEIS**)

SINFONIETTA de PARIS
direction : **Dominique FANAL**

Locations
FNAC - VIRGIN MEGASTORE 60 Champs-Elysées, par téléphone au 01.42.33.43.00
et sur place le 28 et le 29 novembre à partir de 11h.

UNITÉ 6

READING AND CULTURE ACTIVITIES Unité 6 (cont.)

3. An attraction of this hotel is
that it is located
☐ downtown
☐ near a beach
☐ near an airport
☐ near an amusement park

VEYRIER-DU-LAC

Les Acacias

Lac
d'Annecy

HÔTEL - BAR RESTAURANT

Dans un cadre de verdure à 100 m de la plage.
Terrasse panoramique sur le lac.
Tél. 04 50 60 11 60

4. You would go to this place . . .
☐ to buy records
☐ to read books
☐ to listen to music
☐ to consult bus schedules

BIBLIOTHÈQUE
NATIONALE

5. This map shows you how to get . . .
☐ to the downtown area
☐ to a large shopping mall
☐ to a hockey rink
☐ to a racetrack

CENTRE
COMMERCIAL
LES 4 TEMPS

UNITÉ 6

READING AND CULTURE ACTIVITIES Unité 6 (cont.)

**Hotel
de l'Abbaye**

saint germain

★★★ 10, rue Cassette - 75006 PARIS
Tél. 01 45 44 38 11 - Adresse télég. : Abotel
R.C. Paris B 712 062 744

B. À l'hôtel de l'Abbaye

1. You are visiting France with your family and are looking for a hotel.

- What is the name of the hotel shown on the card? _____

- In which city is it located? _____

- On which street? _____

- If you wanted to make a reservation, which number would you call? _____

2. You have just made your reservation.

- Check the address of the hotel and find its location on the map. Mark
  the location with an "X."
- You and your family are planning to rent a car while in France. On the
  map, find and circle the nearest parking garage.
- Paris has a convenient subway system: **le métro.**

  How many subway stations are shown on the map? _____

  What is the name of the subway station closest to the hotel? _____

- The map shows one of the oldest churches in Paris. (It was built in the 12th century.)
  Find this church and draw a circle around it.

  What is its name? _____

  On which street is it located? _____

- The map also shows a large public garden where many people go jogging.

  What is the name of the garden? _____

  On which street is it located? _____

UNITÉ 6

READING AND CULTURE ACTIVITIES Unité 6 (cont.)

C. En RER

Paris has a regular subway system called **le métro.** It also has a network of
fast commuter trains called the **RER** which cross the city in about 12 minutes.
If you want to go beyond the city limits, you must pay an extra fare.

This map shows the C-line of the RER. Many famous monuments and
places of interest are located along this line.

1. Look at the map and find at which stop you would get off to visit
   each of the following places.

   La Tour Eiffel _____

   La Cathédrale Notre-Dame _____

   Le Grand Palais (un musée) _____

   Le Jardin des Tuileries _____

   Le Musée d'Orsay _____

   Le Palais des Congrès _____

   Le Louvre _____

2. You can also use the C-line to get to places outside of Paris.

   Which airport can you reach with this train? _____

   Which famous historical château can you visit? _____

COMMUNICATIVE EXPRESSIONS AND THEMATIC VOCABULARY
Unité 6 En ville

▶ CULTURAL CONTEXT: **City life — the home, the family, and urban activities**

COMMUNICATIVE EXPRESSIONS

Asking a friend where he/she is going
> Où est-ce que tu vas?
> Où vas-tu?
>> Je vais | à (+ *place*).
>> | chez (+ *person*).

Asking a friend about what he/she is going to do
> Qu'est-ce que tu vas faire?
> Est-ce que tu vas . . . ?
> Vas-tu . . . ?
>> Oui, je vais . . .
>> Non, je ne vais pas . . .

Asking for directions
> Pardon, où est . . . ?
> Excuse moi, où est . . . ?
>> C'est | loin. | Allez | à droite.
>> | près | Tournez | à gauche
>> | en haut | C'est |
>> | en bas |
>>
>> | Continuez tout droit.

Asking a friend where he/she is coming from
> D'où est-ce que tu viens?
> D'où viens-tu?
>> Je viens de (+ *place*).

Pointing to people and saying who they are
> C'est . . . | moi | nous
> | toi | vous
> | lui | eux
> | elle | elles

Indicating ownership or relationship
> C'est la voiture de Madame Dupont.
> C'est le cousin de Marie.
>> C'est | mon, ma . . . | Ce sont | mes . . .
>> | ton, ta . . . | | tes . . .
>> | son, sa . . . | | ses . . .
>> | notre . . . | | nos . . .
>> | votre . . . | | vos . . .
>> | leur . . . | | leurs . . .

Ranking people or things
> premier, première   septième
> deuxième   huitième
> troisième   neuvième
> quatrième   dixième
> cinquième   vingtième
> sixième   vingt-et-unième

VOCABULARY

Verbs of motion
> aller   arriver   venir
>   rentrer   revenir
>   rester
>
> faire une promenade | à pied
> | à vélo
> | en voiture

How to go somewhere
> à pied   en bus   en métro
> à vélo   en train   en taxi
>   en voiture

Where to go in a city
• *towns and neighborhoods*
> un endroit   une adresse
>
> un quartier   un boulevard   une avenue
> un village   une ville   une rue

COMMUNICATIVE EXPRESSIONS AND THEMATIC VOCABULARY

VOCABULARY *(continued)*

- *public places and buildings*

un café	un parc	une bibliothèque
un centre commercial	un restaurant	une école
un cinéma	un stade	une église
un hôpital	un supermarché	une piscine
un hôtel	un théâtre	une plage
un musée		

- *events and happenings*

un concert	un pique-nique	une boum
un film	un rendez-vous	

The home and its description

un immeuble	une maison	confortable
un appartement		moderne
un garage	une chambre	
un jardin	une cuisine	
un salon	une salle à manger	
	une salle de bains	
	les toilettes	

The family

un parent	une famille	un enfant	une enfant	un père	une mère
un grand-parent		un frère	une soeur	un grand-père	une grand-mère
		un fils	une fille	un oncle	une tante
		un cousin	une cousine		

Sports, games, and musical instruments

un sport

le baseball	le ping-pong	Je joue au foot.
le basket(ball)	le tennis	
le foot(ball)	le volley(ball)	

un jeu

les échecs	les cartes	Je joue au Monopoly.
le Monopoly	les dames	aux échecs.

un instrument de musique

le clavier	la batterie	Je joue du piano.
le piano	la clarinette	de la clarinette.
le saxo(phone)	la flûte	
le violon	la guitare	

Other expressions

Pardon!	Vas-y!	Vraiment?
Excusez-moi!	Va-t-en!	Tu es sûr?
		Pas du tout!

UNITÉ 6

UNITÉ 7
Le shopping

LISTENING ACTIVITIES
Leçons 25–28

WRITING ACTIVITIES
Leçons 25–28

READING AND CULTURE ACTIVITIES
Unité 7

POUR *COMMUNIQUER*
Communicative Expressions and Thematic Vocabulary

CASSETTE WORKSHEET Leçon 25 Le français pratique: L'achat des vêtements

| Section 1 | **Qu'est-ce que vous cherchez?**

A. *Compréhension orale*

a. ____

b. ____

c. ____

d. ____

e. ____

f. ____

g. ____

h. __1__

i. ____

j. ____

k. ____

l. ____

m. ____

n. ____

o. ____

p. ____

CASSETTE WORKSHEET Leçon 25 (cont.)

Section 2 **Vous désirez?**

B. *Questions et réponses*

▶ —Vous désirez?
—Je cherche un tee-shirt. ▶

1   2   3   4   5

Section 3 **Dialogue: Aux Galeries Lafayette**

C. *Compréhension orale*

a. _____ SOLDES 100€   b. _____   c. _____ 210€

Section 4 **Les nombres de 100 à 1000**

D. *Écoutez et répétez.*

100	200	500	800
101	300	600	900
102	400	700	1000

CASSETTE WORKSHEET Leçon 25 (cont.)

| Section 5 | **Combien coûte la veste?** |

E. *Questions et réponses*

▶ —Combien coûte la veste?
   —Elle coûte 100 euros   ▶

1.   **2.**   **3.**

| Section 6 | **Comment trouves-tu ma robe?** |

F. *Compréhension orale*

a. _____   b. _____

c. _____   d. _____

UNITÉ 7

CASSETTE WORKSHEET **Leçon 25** (cont.)

À votre tour!

Section 7. La bonne réponse

Allez à la page 254.

Section 8. Créa-dialogue

Allez à la page 254.

Section 9. Conversation dirigée

Allez à la page 255.

CASSETTE WORKSHEET Leçon 26 Rien n'est parfait

Section 1 **Rien n'est parfait**

A. *Compréhension orale*

Cet après-midi, Frédéric et Jean-Claude vont acheter des vêtements. Ils vont acheter ces vêtements dans un grand magasin. Ce magasin s'appelle Le Bon Marché.

Frédéric et Jean-Claude regardent les pulls.

FRÉDÉRIC: Comment trouves-tu ce pull?
JEAN-CLAUDE: Quel pull?
FRÉDÉRIC: Ce pull bleu.
JEAN-CLAUDE: Il est chouette.
FRÉDÉRIC: C'est vrai, il est très chouette.
JEAN-CLAUDE: Il est aussi très cher.
FRÉDÉRIC: Combien est-ce qu'il coûte?
JEAN-CLAUDE: Cent euros.
FRÉDÉRIC: Cent euros! Quelle horreur!

Maintenant, Frédéric et Jean-Claude regardent les vestes.

FRÉDÉRIC: Quelle veste est-ce que tu préfères?
JEAN-CLAUDE: Je préfère cette veste jaune. Elle est très élégante et elle n'est pas très cher.
FRÉDÉRIC: Oui, mais elle est trop grande pour toi!
JEAN-CLAUDE: Dommage!

Frédéric est au rayon des chaussures. Quelles chaussures est-ce qu'il va acheter?

JEAN-CLAUDE: Alors, quelles chaussures est-ce que tu achètes?
FRÉDÉRIC: J'achète ces chaussures noires. Elles sont très confortables . . . et elles ne sont pas chères. Regarde, elles sont en solde.
JEAN-CLAUDE: C'est vrai, elles sont en solde . . . mais elles ne sont plus à la mode.
FRÉDÉRIC: Hélas, rien n'est parfait!

Section 2 **Les verbes *acheter* et *préférer***

B. *Écoutez et répétez.*

  Allez à la page 258.

UNITÉ 7

CASSETTE WORKSHEET Leçon 26 (cont.)

Section 3 | **Comment trouves-tu ce pull?**

C. *Écoutez et écrivez.*

▶ Dis Stéphanie! Regarde ____*ce*____ blouson.

1. Regarde _____ chapeau.

2. Qu'est-ce que tu penses de _____ chemise?

3. Regarde _____ chaîne!

4. Tu veux écouter _____ disque?

5. Regarde _____ voiture!

6. Regarde _____ sculpture!

7. Regardez _____ monument!

8. Eh! Regarde _____ fille là-bas!

9. Eh! Regarde _____ garçons.

Section 4 | **Quel café?**

D. *Compréhension orale*

a. ____   **b.** ____   **c.** ____   **d.** ____

CASSETTE WORKSHEET Leçon 26 (cont.)

| Section 5 | **Quelle veste désirez-vous?** |

E. *Questions et réponses*

▶ —Quelle veste désirez-vous?
—**Cette veste bleue.**

▶

1.

2.

3.

UNITÉ 7

CASSETTE WORKSHEET Leçon 26 (cont.)

| Section 6 | Prononciation |

F. *Les lettres «e» et «è»*

Écoutez: ch**e**mise   chauss**e**tte   ch**è**re

Practice pronouncing "e" within a word:

- /ə/ (as in **je**)   [. . . "e" + <u>one</u> consonant + vowel]

  Répétez: ch**e**mise   r**e**garder   D**e**nise   R**e**née   p**e**tit   v**e**nir

Note that in the middle of a word the /ə/ is sometimes silent.

  Répétez: ach**e**ter   ach**e**tons   am**e**ner   sam**e**di   rar**e**ment   av**e**nue

- /ɛ/ (as in **elle**)   [. . . "e" + <u>two</u> consonants + vowel]

  Répétez: chauss**e**tte   v**e**ste   qu**e**lle   c**e**tte   r**e**ster
               prof**e**sseur   raqu**e**tte

Now practice pronouncing "è" within a word:

- /ɛ/ (as in **elle**)   [. . . "è" + <u>one</u> consonant + vowel]

  Répétez: ch**è**re   p**è**re   m**è**re   ach**è**te   am**è**nent   esp**è**re
               deuxi**è**me

À votre tour!

Section 7. La bonne réponse

 Allez à la page 264.

Section 8. Créa-dialogue

 Allez à la page 264.

CASSETTE WORKSHEET LEÇON 27 Un choix difficile

| Section 1 | **Un choix difficile** |

A. *Compréhension orale*

Delphine hésite entre une robe rouge et une robe jaune. Quelle robe est-ce qu'elle va choisir? Ah là là, le choix n'est pas facile.

VÉRONIQUE: Bon, alors, quelle robe est-ce que tu choisis?

DELPHINE: Eh bien, finalement je choisis la robe rouge. Elle est plus jolie que la robe jaune.

VÉRONIQUE: C'est vrai, elle est plus jolie . . . mais la robe jaune est moins chère et . . . elle est plus grande. Regarde. La robe rouge est trop petite pour toi.

DELPHINE: Mais non, elle n'est pas trop petite.

VÉRONIQUE: Bon, écoute, essaie-la!

Delphine sort de la cabine d'essayage.

DELPHINE: C'est vrai, la robe rouge est plus petite, mais ce n'est pas grave.

VÉRONIQUE: Pourquoi?

DELPHINE: Parce que j'ai un mois pour maigrir.

VÉRONIQUE: Et si tu grossis?

DELPHINE: Toi, tais-toi!

| Section 2 | **Le verbe *finir*** |

B. *Écoutez et répétez.*

 Allez à la page 268.

UNITÉ 7

CASSETTE WORKSHEET   Leçon 27   (cont.)

Section 3   **Comparaisons**

C. *Compréhension orale*

▶ Les chaussures noires

~~Les chaussures blanches~~

sont plus confortables que

~~les chaussures noires.~~

les chaussures blanches.

1. Le chapeau vert

Le chapeau gris

est plus joli que

le chapeau vert.

le chapeau gris.

2. Le compact

La cassette

est moins cher (chère) que

le compact.

la cassette.

3. Le prof d'anglais

Le prof d'espagnol

est plus mignon que

le prof d'anglais.

le prof d'espagnol.

CASSETTE WORKSHEET Leçon 27 (cont.)

| Section 4 | **Comparaisons** |

D. *Questions et réponses*

▶ —Est-ce que la veste bleue est plus chère ou moins chère que la veste jaune?
—**Elle est moins chère.**

▶

UNITÉ 7

CASSETTE WORKSHEET   Leçon 27 (cont.)

| Section 5 | **Prononciation** |

E. *Les lettres «ill»*

Écoutez: **mai<u>ll</u>ot**

In the middle of a word, the letters "**ill**" almost always represent the semi-vowel /j/ which is like the "**y**" of *yes*.

Répétez: **mai<u>ll</u>ot   trava<u>ill</u>ez   ore<u>ill</u>e   vie<u>ill</u>e
fi<u>ll</u>e   fami<u>ll</u>e   ju<u>ill</u>et
En ju<u>ill</u>et, Mire<u>ill</u>e va trava<u>ill</u>er pour sa vie<u>ill</u>e tante.**

At the end of a word, the sound /j/ is sometimes spelled **il**.

Répétez: **appare<u>il</u>-photo   vie<u>il</u>   trava<u>il</u>
Mon oncle a un vie<u>il</u> appare<u>il</u>-photo.**

EXCEPTION: The letters **ill** are pronounced /il/ in the following words:

Répétez: **vi<u>ll</u>e   vi<u>ll</u>age   mi<u>ll</u>e   Li<u>ll</u>e**

À votre tour!

Section 6. La bonne réponse

 Allez à la page 272.

Section 7. Créa-dialogue

 Allez à la page 272.

DISCOVERING FRENCH – BLEU

UNITÉ 7

CASSETTE WORKSHEET Leçon 28 Alice a un job

Section 1 | **Dialogue: Alice a un job**

A. *Compréhension orale*

Alice a un nouveau job. Elle travaille dans un magasin hifi. Dans ce magasin, on vend toutes sortes de choses: des chaînes stéréo, des mini-chaînes, des radiocassettes . . . On vend aussi des cassettes et des compacts. Un jour son cousin Jérôme lui rend visite.

JÉRÔME: Salut, ça va?

ALICE: Oui, ça va.

JÉRÔME: Et ce nouveau job?

ALICE: C'est super.

JÉRÔME: Qu'est-ce qu'on vend dans ton magasin?

ALICE: Eh bien, tu vois, on vend toutes sortes de matériel hifi . . . Moi, je vends des lecteurs compact-disc.

JÉRÔME: Tu es bien payée?

ALICE: Non, on n'est pas très bien payé, mais on a des réductions sur l'équipement stéréo et sur les compacts.

JÉRÔME: Qu'est-ce que tu vas faire avec ton argent?

ALICE: Je ne sais pas . . . J'ai envie de voyager cet été.

JÉRÔME: Tu as de la chance. Moi aussi, j'ai envie de voyager, mais je n'ai pas d'argent.

ALICE: Écoute, Jérôme, si tu as besoin d'argent, fais comme moi.

JÉRÔME: Comment?

ALICE: Cherche un job!

Section 2 | **Besoin ou envie?**

B. *Compréhension orale*

		1	2	3	4	5	6
A	besoin						
B	envie						

CASSETTE WORKSHEET Leçon 28 (cont.)

Section 3 **Qu'est-ce qu'on vend?**

C. _Compréhension orale_

a. _____

b. _____

c. _____

Section 4 **Qu'est-ce qu'on vend ici?**

D. _Questions et réponses_

▶ —Qu'est-ce qu'on vend ici?
   —**On vend des chaussures.**

CASSETTE WORKSHEET Leçon 28 (cont.)

Section 5 | **On dîne?**

E. *Compréhension orale*

a. ____

b. ____

c. _1_

d. ____

e. ____

f. ____

g. ____

Section 6 | **On joue au tennis?**

F. *Questions et réponses*

▶ —On joue au tennis?
—D'accord! Jouons au tennis.

UNITÉ 7

CASSETTE WORKSHEET Leçon 28 (cont.)

| Section 7 | Le verbe *vendre* |

G. *Écoutez et répétez.*

 Allez à la page 280.

| Section 8 | **Prononciation** |

H. *Les lettres «an» et «en»*

The letters "**an**" and "**en**" represent the nasal vowel /ɑ̃/. Be sure not to pronounce the sound "**n**" after the vowel.

Répétez:

/ɑ̃/ enfant an manteau collants grand élégant
André mange un grand sandwich.

/ɑ̃/ enfant en argent dépenser attends entend vend envie
Vincent dépense rarement son argent.

À votre tour!

Section 9. La bonne réponse

 Allez à la page 284.

Section 10. Créa-dialogue

Allez à la page 284.

WRITING ACTIVITIES Leçon 25 Le français pratique: L'achat des vêtements

A/B 1. Une affiche de mode *(A fashion poster)*

You are working in the ad department of a fashion designer. Complete
the poster below with the names of the articles of clothing.

UNITÉ 7

WRITING ACTIVITIES Leçon 25 (cont.)

2. Qu'est-ce que vous portez?

Describe in detail what you are wearing. Give the colors of each item of clothing. Then select two other people (one male and one female) and describe their clothes in the same manner.

▶ *Aujourd'hui, je porte une chemise verte et jaune, un pantalon noir, . . .*

1. Aujourd'hui, je porte _____

_____

2. _____ porte _____

_____

3. _____ porte _____

_____

Nom _____

UNITÉ 7

WRITING ACTIVITIES Leçon 25 (cont.)

3. Les valises (Suitcases)

Imagine you are planning for four trips. Make a list of at least four items of clothing that you will pack in each of the following suitcases.

1. un weekend à la plage

un short

2. un weekend de ski

3. un mariage élégant

4. une semaine à Québec

UNITÉ 7

WRITING ACTIVITIES Leçon 25 (cont.)

4. Conversations: Dans un magasin

Complete the dialogues on the basis of the illustrations. Use expressions
from page 252 of your student text.

1. — Vous _____ monsieur?

— Je _____ .

2. — Pardon, mademoiselle.

Combien _____ ?

— _____ euros.

3. — S'il vous plaît, madame, _____

_____ ?

— _____ .

4. — Est-ce que le manteau est _____ ?

Oh là là, non. Il est très _____ .

Il coûte _____ euros.

5. — Qu'est-ce que tu penses de ma _____ ?

— Elle est trop _____ .

6. — Comment _____

_____ ?

— Il est trop _____ .

WRITING ACTIVITIES Leçon 26 Rien n'est parfait!

A 1. Au centre commercial

Friends are shopping. Say what everyone is buying by completing the
sentences with the appropriate forms of **acheter.**

1. Nous _____ des vêtements.

2. Claire _____ une ceinture.

3. Vous _____ un walkman.

4. Virginie et Christine _____ des compacts.

5. Tu _____ une veste.

6. Marc _____ un survêtement.

7. J' _____ un sweat.

8. Mes copains _____ des chaussures.

2. Une boum

Christine has invited her friends to a party. Some of them are bringing
other friends. Others are bringing things for the party. Complete the
sentences below with the appropriate forms of **amener** or **apporter.**

1. François _____ des sandwichs.

2. Stéphanie _____ un copain.

3. Nous _____ des compacts.

4. Vous _____ vos cousins.

5. Tu _____ ta guitare.

6. Nous _____ des copines.

7. Vous _____ une cassette vidéo.

8. Marc et Roger _____ leur soeur.

UNITÉ 7

WRITING ACTIVITIES Leçon 26 (cont.)

B 3. Dans la rue

Olivier and Béatrice are walking in town. Olivier is pointing out various people and commenting on various things he sees. Complete his questions, as in the model.

▶ Tu connais _____ ces filles _____ ?

1. Qui sont _____ ?

2. Regarde _____ !

3. Veux-tu aller dans _____ ?

4. Regarde _____ !

5. Comment trouves-tu _____ ?

6. Combien coûte _____ ?

WRITING ACTIVITIES Leçon 26 (cont.)

B/C 4. Conversations

Complete the following mini-dialogues.

▶ —__Quelle_____ cravate préfères-tu?

—Je préfère _cette cravate_____ jaune.

1. —_____imperméable vas-tu acheter?

—Je vais acheter _____ beige.

2. —_____cassettes vas-tu écouter?

—Je vais écouter _____ de jazz.

3. —_____blousons préfères-tu?

—Je préfère _____ bleus.

4. —_____veste vas-tu porter pour la boum?

—_____ verte.

D 5. Qu'est-ce qu'ils mettent?

Read what the following people are doing or are going to do. Then complete the second sentence with the verb **mettre** and one of the items in the box. Be logical!

la table	**la télé**	**un maillot de bain**
la radio	**un survêtement**	**des vêtements élégants**

1. Julien va nager. Il _____.

2. Vous allez dîner. Vous _____.

3. Nous allons écouter le concert. Nous _____.

4. Tu vas regarder le match de foot. Tu _____.

5. Je vais faire du jogging. Je _____.

6. Mes cousins vont à un mariage. Ils _____.

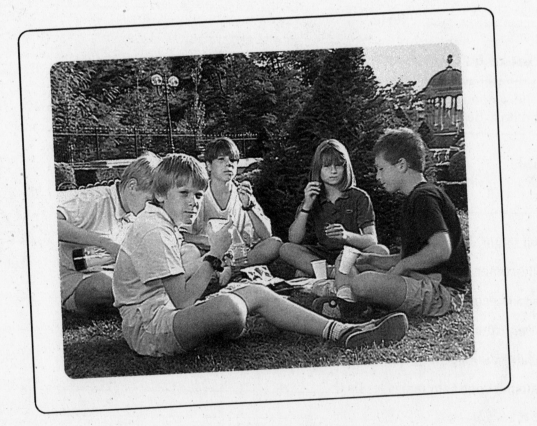

UNITÉ 7

WRITING ACTIVITIES Leçon 26 (cont.)

6. 👥 **Communication**

Some French friends have invited you to a picnic.

Write a short paragraph saying . . .

- *what clothes you are going to wear to the picnic*

- *what items you are going to bring to the picnic*

- *whom you are going to bring along*

WRITING ACTIVITIES Leçon 27 Un choix difficile

A 1. Au Bon Marché

The people below are shopping at Le Bon Marché. Say what each one
is choosing, using the appropriate form of **choisir**.

1. Tu _____ .

2. Vous _____ .

3. Je _____ .

4. Nous _____ .

5. M. Voisin _____ .

6. Mme Lamy _____ .

7. Isabelle et Marthe _____ .

2. Oui ou non?

Read about the following people. Then describe a LOGICAL conclusion
by completing the second sentence with the *affirmative* or *negative*
form of the verb in parentheses.

▶ Alice fait beaucoup de jogging. _Elle ne grossit pas_____ . (grossir?)

1. Nous étudions. _____ à l'examen. (réussir?)

2. Vous êtes riches. _____ des vêtements chers. (choisir?)

3. Marc regarde la télé. _____la leçon. (finir?)

4. Mes cousins mangent beaucoup. _____ . (maigrir?)

5. Vous faites beaucoup de sport. _____ . (grossir?)

6. Les élèves n'écoutent pas le prof._____à l'examen. (réussir?)

UNITÉ 7

WRITING ACTIVITIES Leçon 27 (cont.)

B 3. Descriptions

Roger is describing certain people and things. Complete each description with the appropriate forms of the underlined adjectives.

1. Isabelle a beaucoup de <u>beaux</u> vêtements.

   Aujourd'hui elle porte une _____ jupe, un _____ chemisier et

   des _____ chaussures.

   Elle va acheter un _____ imperméable et des _____ pulls.

2. Mes cousins habitent dans une <u>vieille</u> ville.

   Dans cette ville, il y a un très _____ hôtel.

   Il y a aussi des _____ maisons, un _____ musée et des _____ quartiers.

3. Cet été, je vais acheter une <u>nouvelle</u> veste.

   Je vais aussi acheter un _____ maillot de bain, des _____ pantalons

   et des _____ chemises.

   Si j'ai beaucoup d'argent *(money)*, je vais aussi acheter un _____ appareil-photo.

C 4. Fifi et Nestor

Look at the scene and complete the comparisons, using the adjectives in parentheses.

(grand)	▶ Fifi	*est moins grand que* _____ Nestor.
(sympathique)	1. Fifi	_____ Nestor.
(méchant)	2. Fifi	_____ Nestor.
(grande)	3. Mme Paquin	_____ Catherine.
(jeune)	4. Mme Paquin	_____ Catherine.

WRITING ACTIVITIES Leçon 27 (cont.)

5. Opinions

Compare the following by using the suggested adjectives. Express your personal opinions.

▶ un imper / cher / un manteau

  <u>Un imper est moins (aussi, plus) cher qu'un manteau.</u>

1. une chemise / chère / une veste

  _____

2. une moto / rapide / une voiture

  _____

3. un chat / intelligent / un chien

  _____

4. le Texas / grand / l'Alaska

  _____

5. la Californie / jolie / la Floride

  _____

6. les filles / sportives / les garçons

  _____

7. la cuisine italienne / bonne / la cuisine américaine

  _____

  _____

8. les Royals / bons / les Yankees

  _____

  _____

Nom _____

WRITING ACTIVITIES Leçon 27 (cont.)

6. 👥 **Communication: En français!**

Make four to six comparisons of your own involving familiar people, places, or things.

▶ _Ma soeur est plus jeune que mon frère. Elle est aussi intelligente que lui._

▶ _Notre maison est moins grande que la maison des voisins._

_____

_____

_____

_____

_____

_____

Nom _____

Classe _____ Date _____

WRITING ACTIVITIES Leçon 28 Alice a un job

A 1. Où?

Say where one usually does the activities suggested in parentheses.
Choose one of the places from the box. Be logical!

▶ (étudier) *On étudie à l'école.* _____

1. (nager) _____

2. (dîner) _____

3. (jouer au foot) _____

4. (acheter des vêtements) _____

_____

5. (parler français) _____

6. (parler espagnol) _____

> • au Mexique
> • en France
> • au stade
> • à la piscine
> • à l'école
> • au restaurant
> • dans les grands magasins

B 2. Jobs d'été

The following students have jobs as salespeople this summer. Say
what each one is selling.

▶ 1. ▶ 2. 3. 4. 5. 6.

▶ Caroline *vend des maillots de bain* _____ .

1. Nous _____ .

2. Vous _____ .

3. Éric et Pierre _____ .

4. Tu _____ .

5. Je _____ .

6. Corinne _____ .

WRITING ACTIVITIES Leçon 28 (cont.)

3. Pourquoi?

Explain why people do certain things by completing the sentences
with the appropriate form of the verbs in the box. Be logical!

• **attendre**	• **répondre**
• **entendre**	• **vendre**
• **perdre**	• **rendre**

À vendre
INSTRUMENTS
DE MUSIQUE

1. Olivier _____ son vélo parce qu'il a besoin d'argent.

2. Nous _____ le match parce que nous ne jouons pas bien.

3. Vous _____ correctement aux questions du prof parce que vous

   êtes de bons élèves.

4. Tu n'_____ pas parce que tu n'écoutes pas.

5. Je _____ souvent visite à mes voisins parce qu'ils sont sympathiques.

6. Martine et Julie _____ leurs copains parce qu'elles ont un rendez-vous

   avec eux.

C 4. Oui ou non?

Tell a French friend to do or not to do the following things according
to the situation. Be logical.

▶ (téléphoner)   _Ne téléphone pas_   à Sophie. Elle n'est pas chez elle.

▶ (inviter)   _Invite_   Jean-Paul. Il est très sympathique.

1. (acheter)   _____ cette veste. Elle est trop longue.

2. (choisir)   _____ ce tee-shirt. Il est joli et bon marché.

3. (attendre)   _____ tes copains. Ils vont venir dans cinq minutes.

4. (mettre)   _____ ce pantalon. Il est moche et démodé.

5. (aller)   _____ au cinéma. Il y a un très bon film.

6. (venir)   _____ chez moi. J'organise une boum.

7. (apporter)   _____ tes cassettes. Nous allons danser.

8. (manger)   _____ la pizza. Tu vas grossir.

Nom _____

WRITING ACTIVITIES Leçon 28 (cont.)

5. Au choix *(Your choice)*

Your friends have asked your advice. Tell them what to do, choosing one of the suggested options. If you wish, you may explain your choice.

▶ aller au théâtre ou au cinéma?

Allez au cinéma. C'est plus amusant (moins cher)!

(Allez au théâtre. C'est plus intéressant!)

1. regarder le film ou le match de baseball?

_____

2. dîner à la maison ou au restaurant?

_____

3. organiser une boum ou un pique-nique?

_____

4. étudier le français ou l'espagnol?

_____

6. Suggestions

It is Saturday. You and your friends are wondering what to do. Suggest that you do the following things together.

▶ Jouons au basket. _____

1. _____   4. _____

2. _____   5. _____

3. _____   6. _____

UNITÉ 7

WRITING ACTIVITIES Leçon 28 (cont.)

7. 👥 Communication

Describe three things that you would like to do or buy, and say how much money you need to do so.

▶ J'ai envie d'acheter un walkman.

J'ai besoin de cinquante dollars.

1. _____

_____

2. _____

_____

3. _____

_____

les 300 films de la semaine
cinéscope
Du mercredi 2ᵉ février au mardi 5 mars

**Le Club 20 Ans
à la mode américaine**

1ᵉʳ, 2ᵉᵐᵉ ÉTAGES

READING AND CULTURE ACTIVITIES Unité 7

A. Six boutiques

1.

PRIX SPECIAUX

JANVIER

Des exemples:

COSTUME pure laine	165€
VESTE pure laine	130€
BLAZER pure laine	125€
PULLOVER laine d'agneau	
«Fabriqué en Ecosse»	40€

ASTER hommes

2.

Les fameuses **CHEMISES Arrow**

toutes tailles
toutes longueurs
Dépositaire

JOCKEY-CLUB
240 bis, bd Saint-Germain. Mᵒ Bac
167, rue de la Pompe
Près avenue Bugeaud

3.

LUNETTES

PETIT BATEAU.

EN VENTE CHEZ *TOUT POUR LA VUE*

6.

ouvre sa boutique

Maillots de bain, danse, jogging, ski

HOMMES - FEMMES - ENFANTS
4, rue de Sèvres PARIS 6ᵉ

4.

les cravates

JEAN **PATOU**

sont en vente à

MADELIOS

PLACE DE LA MADELEINE · PARIS.

5.

Chaussures RALLYE

VILLE - SPORT - MONTAGNE
ARCUS - TECNICA

14, rue Royale, Annecy   Tél. 04.50.45.09.88

- These six Paris shops are each advertising different things.
- Note that the ads have been numbered 1, 2, 3, 4, 5, and 6.
- Indicate where one would go to buy the following items by circling the number of the corresponding shop.

	BOUTIQUES					
a dress shirt	1	2	3	4	5	6
a jacket	1	2	3	4	5	6
a swimsuit	1	2	3	4	5	6
an elegant tie	1	2	3	4	5	6
a man's suit	1	2	3	4	5	6
a pair of new glasses	1	2	3	4	5	6
a ballet leotard	1	2	3	4	5	6
a pair of walking shoes	1	2	3	4	5	6

READING AND CULTURE ACTIVITIES Unité 7 (cont.)

B. Les soldes

COLLECTION AUTOMNE - HIVER

-30% à -50%

BOUTIQUE HOMME	**BOUTIQUE FEMME**	**BOUTIQUE SPORTSWEAR**
CHEMISES à 9€	TUNIQUES à 9€	JEANS à 19€
PULLS à 19€	PULLS à 9€	SWEAT SHIRTS à 19€
VESTES "NEW LOOK" à 69€	PANTALONS à 19€	PANTALONS NEWMAN à 29€
PANTALONS LAINAGES à 19€	JUPES LAINAGE à 19€	BLOUSONS à 29€
PANTALONS (forme large) à 29€	ENSEMBLES à 29€	CHEMISES à 19€

353, Rue de Vaugirard, PARIS 15 ème
OUVERT DE 9 H 30 à 19 H 30 - SANS INTERRUPTION

1. As you were walking down the Boulevard Saint-Michel in Paris,
you were handed this flyer announcing a special sale.
Read it carefully and answer the following questions.

- Comment s'appelle la boutique? _____

- Quelle est l'adresse de la boutique? _____

- À quelle heure est-ce que la boutique ouvre *(opens)*? _____

- Combien coûtent les jeans? _____

   Est-ce qu'ils sont chers ou bon marché? _____

   (Note: $1 = approximativement 6 francs)

READING AND CULTURE ACTIVITIES Unité 7 (cont.)

2. You have decided to go shop at the Coroner. Imagine you have saved 500 francs to buy clothes. Make a list of what you are planning to buy and add up the total cost of your intended purchases.

Article	*Prix*
Prix total:	

3. You have tried on the items and they all fit well. You will buy all the things on your list. Write out a check for the total amount.

POUR COMMUNIQUER

COMMUNICATIVE EXPRESSIONS AND THEMATIC VOCABULARY
Unité 7 Le shopping

▶ CULTURAL CONTEXT: **Buying clothes**

COMMUNICATIVE EXPRESSIONS

Telling a salesperson what you are looking for
> **Vous désirez?**
>> **Je cherche . . .**
>> **Je voudrais . . .**

Asking how much an item costs
> **Combien coûte [ce pull]?**
> **Combien coûtent [ces chaussures]?**
> **Quel est le prix?**

Asking a friend to give an opinion
> **Comment trouves-tu [cette chemise]?**
> **Qu'est-ce que tu penses de [ce chapeau]?**

Talking about specific items
> **Quel pantalon préfères-tu?**   **quel, quelle; quels, quelles**
>> **Je préfère ce pantalon bleu.**   **ce, cet, cette; ces**

Making comparisons

Ce tee-shirt est	**plus joli que** **moins joli que** **aussi joli que**	**cette chemise.**

Le vélo rouge est	**meilleur que** **moins bon que** **aussi bon que**	**le vélo bleu.**

Indicating what you need and what you feel like having or doing
> **J'ai besoin de 5 dollars.**   **J'ai envie d'une glace.**
> **J'ai besoin de travailler.**   **J'ai envie d'aller au café.**

· ·

VOCABULARY

Clothing
> **les vêtements** (m.)

un blouson	**un jean**	**des chaussettes** (f.)
un chapeau	**un manteau**	**une chemise**
un chemisier	**un pantalon**	**une cravate**
des collants	**un polo**	**une jupe**
un imper(méable)	**un pull**	**une robe**
		une veste

> **les vêtements de sport**

un jogging	**un short**	**un sweat**
un maillot de bain	**un survêtement**	**un tee-shirt**

COMMUNICATIVE EXPRESSIONS AND THEMATIC VOCABULARY

VOCABULARY *(continued)*

Clothing (cont.)
   les chaussures (f.)
     des baskets (m.)   **des bottes** (f.)
     des tennis (m.)   **des sandales** (f.)

   les accessoires (m.)
     une ceinture   **des lunettes** (f.)   **des lunettes** (f.) **de soleil**

Stores and shops
   un magasin   **une boutique**
   un grand magasin

Describing clothes

beau, belle	**bon marché**	**joli**	**à la mode**
nouveau, nouvelle	**cher, chère**	**long, longue**	**chouette**
vieux, vieille	**court**	**moche**	**démodé**
	élégant	**petit**	**super**
	grand		

Money

l'argent (m.)	**une pièce** *(coin)*	**pauvre**	**combien?**
un billet		**riche**	**combien de . . . ?**
un prix			

Some verbs
• *shopping*

acheter	**porter**	**choisir**	**mettre** *(to wear)*
chercher	**trouver**		

• *earning and spending money*

coûter	**gagner**	**vendre**
dépenser	**payer**	

• *other verbs*

apporter	**finir**	**attendre**	**avoir besoin**
penser	**grossir**	**entendre**	**avoir envie**
	maigrir	**perdre**	
amener	**réussir**	**rendre visite à**	**mettre** *(to put, place, turn on)*
préférer	**réussir à un examen**	**répondre à**	
espérer			

Numbers: 100–1000

cent	**deux cents**	**mille**
cent un	**deux cent cinquante**	
cent deux	**trois cents**	
cent dix	**sept cent soixante-quinze**	

Other words and expressions

on	**trop**	**eh bien!**
		à mon avis
		c'est une bonne idée!

UNITÉ 8
Le temps libre

**LISTENING
ACTIVITIES**
Leçons 29–32

**WRITING
ACTIVITIES**
Leçons 29–32

**READING
AND CULTURE
ACTIVITIES**
Unité 8

POUR
COMMUNIQUER

**Communicative Expressions
and Thematic Vocabulary**

CASSETTE WORKSHEET Leçon 29 Le français pratique:
Le weekend et les vacances

UNITÉ 8

| Section 1 | **Que faites-vous le weekend?**

A. *Compréhension orale*

d.

▶ Nathalie

a.

1. Olivier

2. François et André

3. Stéphanie, Dominique
et Philippe

4. Henri et Laure

5. Monique

6. Jean-Paul

e.

f.

b.

c.

g.

CASSETTE WORKSHEET   Leçon 29 (cont.)

| Section 2 | **Dialogue: Le weekend** |

B. *Compréhension orale*

		Conversation A	**Conversation B**
1	aller en ville		
2	aller à la campagne		
3	aller au cinéma		
4	rester à la maison		
5	faire un pique-nique		
6	faire les devoirs		
7	faire des achats		
8	faire du jogging		

UNITÉ 8

CASSETTE WORKSHEET Leçon 29 (cont.)

Section 3 | **Samedi**

C. *Questions et réponses*

▶ —Est-ce que tu vas nettoyer ta chambre samedi?
  —**Oui, je vais nettoyer ma chambre.**
   (Non, je ne vais pas nettoyer ma chambre.)

Section 4 | **Dialogue: Les vacances**

D. *Compréhension orale*

		Conversation A	Conversation B
1	faire des promenades en bateau		
2	faire des promenades à vélo		
3	faire des promenades à pied		
4	faire de la planche à voile		
5	faire de l'alpinisme		
6	faire du ski nautique		

UNITÉ 8, Leçon 29 ■ Listening Activities **245**

UNITÉ 8

CASSETTE WORKSHEET **Leçon 29** (cont.)

| Section 5 | Qu'est-ce qu'il fait? |

E. *Questions et réponses*

▶ —Qu'est-ce qu'il fait? du vélo ou du jogging?
—**Il fait du vélo.**

À votre tour!

Section 6. Créa-dialogue

Allez à la page 304.

Section 7. Conversation dirigée

Allez à la page 304.

CASSETTE WORKSHEET Leçon 30 Vive le weekend!

| Section 1 | **Vive le weekend!** |

A. *Compréhension orale*

> *Le weekend, nous avons nos occupations préférées. Certaines personnes aiment aller en ville et rencontrer leurs amis. D'autres préfèrent rester à la maison et bricoler. Qu'est-ce que les personnes suivantes ont fait le weekend dernier?*
>
> J'aime acheter des vêtements.   J'ai acheté des vêtements.
> Tu aimes réparer ton vélo.   Tu as réparé ton vélo.
> M. Lambert aime travailler dans le jardin.   Il a travaillé dans le jardin.
> Nous aimons organiser des boums.   Nous avons organisé une boum.
> Vous aimez jouer au foot.   Vous avez joué au foot.
> Pluton et Philibert aiment rencontrer leurs amis. Ils ont rencontré leurs amis.

B. *Écoutez et répétez.*

| Section 2 | **Qu'est-ce que tu as?** |

C. *Écoutez et répétez.*

 Allez à la page 308.

| Section 3 | **Qu'est-ce que vous avez fait hier?** |

D. *Compréhension orale*

		▶	▶	1	2	3	4	5	6	7	8	9	10	11	12	13	14
A	oui	✓															
B	non		✓														

CASSETTE WORKSHEET Leçon 30 (cont.)

Section 4 | Est-ce que tu as joué au tennis?

E. *Compréhension orale*

a. _____

b. _____

c. _____

d. _____

e. _____

UNITÉ 8

Nom _____

CASSETTE WORKSHEET   Leçon 30 (cont.)

Section 5   **Est-ce que tu as joué au tennis?**

F. *Questions et réponses*

▶ —Est-ce que tu as joué au tennis?
   —**Oui, j'ai joué au tennis.   (Non, je n'ai pas joué au tennis.)**

Section 6   **Mercredi après-midi**

G. *Compréhension orale*

Partie A. Mercredi

		Jean-Claude	Nathalie
1	Qui a passé l'après-midi dans les magasins?		
2	Qui a étudié tout l'après-midi?		
3	Qui a regardé les vêtements?		
4	Qui a acheté un compact?		
5	Qui a mangé un sandwich dans un café?		
6	Qui a étudié après le dîner?		
7	Qui a téléphoné à une copine?		
8	Qui a regardé un film à la télé?		

Partie B. Jeudi matin

Qu'est-ce que Jean-Claude a oublié? _____

UNITÉ 8

DISCOVERING FRENCH – *BLEU*

CASSETTE WORKSHEET **Leçon 30** (cont.)

| Section 7 | **Prononciation** |

H. *Les lettres «ain» et «in»*

Écoutez: **sa main   semaine   magasin   magazine**

When the letters **"ain"**, **"aim"**, **"in"**, and **"im"** are at the end of a word or are followed by a consonant, they represent the nasal vowel /ɛ̃/.

REMEMBER: Do not pronounce an /n/ after the nasal vowel /ɛ̃/.

Répétez: /ɛ̃/ **demain   faim   train   main   voisin   cousin   jardin
magasin   maintenant   intelligent   intéressant
important**

When the letters **"ain"**, **"aim"**, **"in(n)"**, and **"im"** are followed by a vowel, they do NOT represent a nasal sound.

Répétez: /ɛn/   **semaine   américaine**

/ɛm/   **j'aime**

/in/   **voisine   cousine   cuisine   magazine   cinéma   Corinne   finir**

/im/   **timide   dimanche   Mimi   centime**

Alain Minime a un rendez-vous important demain matin, avenue du Maine.

À votre tour!

Section 8. Allô!

Allez à la page 316.

Section 9. Créa-dialogue

Allez à la page 316.

Nom _____

Classe _____ Date _____

CASSETTE WORKSHEET Leçon 31 L'alibi

Section 1 L'alibi

A. Compréhension orale

Êtes-vous bon détective? Pouvez-vous trouver la solution du mystère suivant?

Samedi dernier à deux heures de l'après-midi, il y a eu une panne d'électricité dans la petite ville de Marcillac-le-Château. La panne a duré une heure. Pendant la panne, un cambrioleur a pénétré dans la Banque Populaire de Marcillac-le-Château. Bien sûr, l'alarme n'a pas fonctionné et c'est seulement lundi matin que le directeur de la banque a remarqué le cambriolage: un million de francs.
Lundi après-midi, l'inspecteur Leflic a interrogé quatre suspects, mais chacun a un alibi.

SOPHIE FILOU:

Euh, . . . excusez-moi, Monsieur l'Inspecteur.
Ma mémoire n'est pas très bonne.
Voyons, qu'est-ce que j'ai fait samedi après-midi?
Ah oui, j'ai fini un livre.
Le titre du livre? Le crime ne paie pas!

MARC LAROULETTE:

Qu'est-ce que j'ai fait samedi?
J'ai rendu visite à mes copains.
Nous avons joué aux cartes.
C'est moi qui ai gagné!

PATRICK LESCROT:

Voyons, samedi dernier . . .
Ah oui . . . J'ai invité des amis chez moi.
Nous avons regardé la télé.
Nous avons vu le match de foot France-Allemagne.
Quel match! Malheureusement, c'est la France qui a perdu!
Dommage!

PAULINE MALIN:

Ce n'est pas moi, Monsieur l'Inspecteur!
Samedi j'ai fait un pique-nique à la campagne avec une copine.
Nous avons choisi un coin près d'une rivière.
Ensuite, nous avons fait une promenade à vélo.
Nous avons eu de la chance!
Il a fait un temps extraordinaire!

À votre avis, qui est le cambrioleur ou la cambrioleuse?
Pourquoi?

Sophie Filou

Patrick Lescrot

Marc Laroulette

Pauline Malin

CASSETTE WORKSHEET   Leçon 31   (cont.)

| Section 2 | Le verbe *voir* |

B. *Écoutez et répétez.*

Allez à la page 320.

| Section 3 | Qu'est-ce que vous avez fait? |

C. *Compréhension orale*

a. _____

b. _____

c. _____

d. _____

e. _1_

f. _____

g. _____

CASSETTE WORKSHEET Leçon 31 (cont.)

| Section 4 | **Est-ce qu'ils ont perdu?** |

D. *Questions et réponses*

▶ —Est-ce qu'ils ont perdu ou est-ce qu'ils ont gagné le match?
  —**Ils ont gagné le match.**

| Section 5 | **Dialogue: Pas de chance!** |

E. *Compréhension orale*

1. Hier Philippe a eu de la chance.	vrai	faux
2. Philippe n'a pas fait ses devoirs.	vrai	faux
3. Philippe a perdu son sac de classe dans l'autobus.	vrai	faux
4. Philippe a fait un match de tennis.	vrai	faux
5. Philippe a gagné son match.	vrai	faux
6. Philippe a fait une promenade à vélo.	vrai	faux
7. Philippe a eu un accident de vélo.	vrai	faux
8. Ce soir, Philippe va aller au concert.	vrai	faux

UNITÉ 8

CASSETTE WORKSHEET Leçon 31 (cont.)

| Section 6 | Prononciation |

F. *Les lettres «gn»*

Écoutez: **espagnol**

The letters "**gn**" represent a sound similar to the "**ny**" in *canyon*. First, practice with words you know.

Répétez: **espagnol   gagner   mignon
la montagne   la campagne
un magnétophone**

Now try saying some new words. Make them sound French!

Répétez: **Champagne   Espagne** *(Spain)* **un signe
la vigne** *(vineyard)* **la ligne** *(line)*   **un signal
la dignité   ignorer   magnétique   magnifique   Agnès
Agnès Mignard a gagné son match. C'est magnifique!**

À votre tour!

Section 7. Allô!

   Allez à la page 326.

Section 8. Créa-dialogue

   Allez à la page 326.

DISCOVERING
FRENCH – *BLEU*

CASSETTE WORKSHEET Leçon 32 Qui a de la chance?

Section 1 **Dialogue: Qui a de la chance?**

A. *Compréhension orale*

Vendredi après-midi
Anne et Valérie parlent de leurs projets pour le weekend.
ANNE: Qu'est-ce que tu vas faire samedi soir?
VALÉRIE: Je vais aller au cinéma avec Jean-Pierre.
ANNE: Tu as de la chance! Moi, je dois rester à la maison.
VALÉRIE: Mais pourquoi?
ANNE: Les amis de mes parents viennent chez nous ce weekend. Mon père insiste pour que je reste pour le dîner. Quelle barbe!
VALÉRIE: C'est vrai! Tu n'as pas de chance!

Lundi matin
Anne et Valérie parlent de leur weekend.
ANNE: Alors, tu as passé un bon weekend?
VALÉRIE: Euh non, pas très bon.
ANNE: Mais tu es sortie avec Jean-Pierre!
VALÉRIE: C'est vrai. Je suis allée au cinéma avec lui . . . Nous avons vu un très, très mauvais film! Après le film, j'ai eu une dispute avec Jean-Pierre. Et, en plus, j'ai perdu mon porte-monnaie . . . et je suis rentrée chez moi à pied! Et toi, tu es restée chez toi?

ANNE: Non.
VALÉRIE: Comment? Les amis de tes parents ne sont pas venus?
ANNE: Si, si, ils sont venus . . . avec leur fils!
VALÉRIE: Et alors?
ANNE: Eh bien, c'est un garçon très sympa et très amusant . . . Après le dîner, nous sommes allés au Zénith. Nous avons assisté à un concert de rock absolument extraordinaire. Après, nous sommes allés dans un café et nous avons fait des projets pour le weekend prochain.
VALÉRIE: Qu'est-ce que vous allez faire?
ANNE: Nous allons faire une promenade à la campagne dans la nouvelle voiture de sport de Thomas. (C'est le nom de mon nouveau copain!)
VALÉRIE: Toi, vraiment, tu as de la chance!

Section 2 **Où êtes-vous allé? Et qu'est-ce que vous avez fait?**

B. *Compréhension orale*

a. ____

b. ____

c. ____

d. ____

e. ____

f. ____

g. ____

h. 1

i. ____

j. ____

UNITÉ 8

CASSETTE WORKSHEET Leçon 32 (cont.)

Section 3 Où est-ce qu'ils sont allés?

C. *Questions et réponses*

▶ —Où est-ce qu'ils sont allés hier? au club de gymnastique ou au restaurant?
  —**Ils sont allés au restaurant.**

Section 4 **Dialogue: Un bon weekend**

D. *Compréhension orale*

1. Véronique a passé un bon weekend.   vrai   faux
2. Véronique est allée dans les magasins.   vrai   faux
3. Véronique est allée au théâtre.   vrai   faux
4. Véronique a rencontré son cousin Simon.   vrai   faux
5. Véronique est rentrée chez elle à minuit.   vrai   faux
6. Alice est restée chez elle.   vrai   faux
7. Alice est restée seule.   vrai   faux
8. Alice a passé la soirée avec Christophe.   vrai   faux

CASSETTE WORKSHEET   Leçon 32 (cont.)

| Section 5 | **Interview: La musique** |

E. *Compréhension orale*

a. Paula Abdul	f. le disco
b. Johnny Halliday	g. le heavy metal
c. Billy Idol	h. le jazz
d. Michael Jackson	i. le reggae
e. Prince	j. le rock
	k. la musique pop

1. —Qu'est-ce que vous venez écouter aujourd'hui?

—_____ .

2. —Et quelle sorte de musique est-ce que tu aimes?

—Ah, la musique de tous les jours, _____ .

3. —J'aime bien _____ et _____ .

4. —Quelle sorte de musique est-ce que vous aimez?

—Moi, j'aime bien _____ .

—Et moi, _____ , plutôt.

5. —Et est-ce que tu aimes les vedettes américaines?

—Oui, bien sûr.

—Lesquelles?

—J'aime bien _____ et _____ .

—Est-ce que tu vas souvent au concert?

—Une fois, de temps en temps, mais j'aime mieux écouter les compacts.

6. —Est-ce que tu vas souvent au concert?

—Quand je peux, de temps en temps; l'année dernière j'étais allé

voir _____ au parc des Princes.

Les Rolling Stones
à Paris
Au Parc des Princes
le 23 juin

UNITÉ 8

CASSETTE WORKSHEET Leçon 32 (cont.)

| Section 6 | Prononciation |

F. *Les lettres «qu»*

Écoutez: **un bouquet**

The letters "**qu**" represent the sound /k/. First, practice with words you know.

Répétez: **qui** **quand** **quelque chose** **quelqu'un** **quatre** **quatorze**
Québec **Monique** **Véronique** **sympathique** **un pique-nique**
le ski nautique

Now try reading some new words. Make them sound French!

Répétez: **un bouquet** **un banquet** **la qualité** **la quantité**
la conséquence **une équipe** *(team)* **l'équipement**
fréquent **la séquence**
Véronique pense que Monique aime la musique classique.

À votre tour!

Section 7 Allô!

 Allez à la page 336.

Section 8. Créa-dialogue

 Allez à la page 336.

Nom _____

Classe _____ Date _____

WRITING ACTIVITIES Leçon 29 Le français pratique:
Le weekend et les vacances

A/B **1. L'intrus** *(The intruder)*

Each of the following sentences can be logically completed by three of the four
suggested options. The option that does not fit is the intruder. Cross it out.

1. Je ne peux pas aller au cinéma avec toi. Je dois nettoyer . . .
   - ma chambre
   - la cuisine
   - les devoirs
   - le garage

2. Ce soir, je vais . . . mes copains.
   - inviter
   - téléphoner à
   - rencontrer
   - laver

3. Philippe est à la maison. Il . . . ses parents.
   - assiste à
   - parle avec
   - aide
   - prépare le dîner pour

4. Madame Halimi est dans le garage. Elle . . . sa voiture.
   - lave
   - répare
   - nettoie
   - rencontre

5. Frédéric est à la bibliothèque. Il . . .
   - étudie
   - choisit un livre
   - fait des achats
   - fait ses devoirs

6. Alice n'est pas chez elle. Elle assiste à . . .
   - une boutique
   - un concert
   - un récital
   - un match de foot

7. Nous allons à la campagne pour faire . . .
   - un pique-nique
   - les devoirs
   - une promenade à pied
   - une promenade à vélo

8. Marc va en ville. Il va . . .
   - faire de la voile
   - rencontrer des copains
   - voir un film
   - acheter des vêtements

9. On peut aller de Dallas à San Francisco . . .
   - en autocar
   - en voiture
   - en bateau
   - en avion

10. À la mer, on peut faire . . .
    - de l'alpinisme
    - de la voile
    - du ski nautique
    - de la planche à voile

11. À la montagne, on peut faire . . .
    - du ski
    - du ski nautique
    - de l'alpinisme
    - des promenades à pied

12. Cet été, je vais . . . un mois en France.
    - rester
    - passer
    - dépenser
    - voyager

WRITING ACTIVITIES Leçon 29 (cont.)

2. Les loisirs *(Leisure time activities)*

What do you think the following people are going to do during their leisure time? Complete the sentences logically.

▶ Béatrice va au centre commercial. *Elle va faire des achats (acheter une robe . . .).*

1. Philippe va au café. _____

2. Valérie va au stade. _____

3. Thomas et Christine vont au cinéma. _____

4. Martin rentre chez lui. _____

5. Cet été, Catherine va à la mer. _____

6. Ce weekend, Isabelle va à la campagne. _____

7. Pendant les vacances d'hiver, Jean-François va dans le Colorado. _____

_____

8. Pendant les grandes vacances, Daniel va à la montagne. _____

_____

3. 👥 Communication

In her last letter, your French pen pal Christine asked you several questions.
Answer them.

- En général, qu'est-ce que tu fais le weekend?

  _____

  _____

- Qu'est-ce que tu fais quand tu es chez toi le samedi?

  _____

- Qu'est-ce que tu vas faire le weekend prochain?

  _____

- Où est-ce que tu vas aller pendant les grandes vacances?

  _____

  Combien de temps est-ce que tu vas passer là-bas?

  _____

  Comment vas-tu voyager?

  _____

  Qu'est-ce que tu vas faire?

  _____

WRITING ACTIVITIES Leçon 30 Vive le weekend!

A 1. Pourquoi?

Read what the following people are doing and then explain why, using **avoir** and one of the expressions in the box.

▶ Alice mange une pizza. _Elle a faim._

1. Je mets mon pull. _____

2. Nous allons à la cafétéria. _____

3. Tu ouvres *(open)* la fenêtre. _____

4. Vous achetez des sodas. _____

5. Robert fait un sandwich. _____

6. Alice et Juliette vont au café. _____

> **faim**
> **soif**
> *chaud*
> **froid**

B 2. Vive la différence!

People like to do similar things, but they do them differently. Explain this by completing the sentences below with the appropriate *passé composé* forms of the verbs in parentheses.

1. (visiter)

   À Paris, tu _____ *as visité* _____ Notre-Dame. Nous _____ le musée

   d'Orsay. Ces touristes _____ le Centre Pompidou.

2. (manger)

   Au restaurant, j'_____ des spaghetti. Tu _____ une pizza.

   Mes cousins _____ un steak-frites.

3. (travailler)

   L'été dernier, vous _____ dans un restaurant. J'_____

   dans un hôpital. Alain et Jérôme _____ dans une station-service.

4. (acheter)

   Au centre commercial, Marie-Christine _____ une veste.

   Tu _____ des chaussures. Nous _____ des lunettes de

   soleil.

WRITING ACTIVITIES Leçon 30 (cont.)

3. Qu'est-ce qu'ils ont fait?

Last Saturday different people did different things. Explain what each one did by completing the sentences with the appropriate passé composé forms of the verbs in the box. Be logical.

acheter
assister
jouer
laver
nettoyer
rencontrer
travailler
visiter

1. Ma cousine _____ sa chambre.

2. Nous _____ à un match de foot.

3. Les touristes _____ le musée d'Art Moderne.

4. Pierre et Sébastien _____ leur voiture.

5. J' _____ mes copains au café.

6. Tu _____ au volley.

7. Vous _____ dans le jardin.

8. Catherine _____ des vêtements au centre commercial.

B/C **4. Et toi?**

Say whether or not you did the following things last weekend.

1. _____
   _____

2. _____

3. _____
   _____

4. _____
   _____

5. _____
   _____

6. _____

WRITING ACTIVITIES Leçon 30 (cont.)

C 5. On ne peut pas tout faire. *(One cannot do everything.)*
Say that the people below did the first thing in parentheses but not the
second one.

▶ (regarder / étudier)

Hier soir, Jean-Marc _a regardé_____ la télé.

Il _n'a pas étudié_____ .

1. (travailler / voyager)

L'été dernier, nous _____ .

Nous _____ .

2. (rencontrer / assister)

Samedi, tu _____ tes copains en ville.

Tu _____ au match de foot.

3. (nager / jouer)

À la plage, vous _____ .

Vous _____ au volley.

4. (laver / nettoyer)

J' _____ la voiture de ma mère.

Je _____ ma chambre.

WRITING ACTIVITIES Leçon 30 (cont.)

D 6. Conversations

Complete each of the following mini-dialogues by writing in the
question that was asked.

▶ (où / vous)   — _Où est-ce que vous avez dîné_ _____ samedi soir?
— Nous avons dîné dans un restaurant vietnamien.

1. (à qui / tu)   — _____
— J'ai téléphoné à ma cousine.

2. (avec qui / Marc)   — _____ à la boum?
— Il a dansé avec Caroline.

3. (quand / vous)   — _____
— Nous avons visité Paris l'été dernier.

4. (où / Alice)   — _____
— Elle a rencontré Jean-Claude au Café de l'Univers.

7. 👥 **Communication: Journal personnel** *(Personal diary)*

Write a short paragraph in the passé composé saying what you did or
did not do last weekend. You way want to use the expressions in the
box as a guide.

étudier?	**travailler?**	**jouer: à quel sport?**	**téléphoner: à qui?**
inviter: qui?	**dîner: où?**	**regarder: quels programmes?**	**rencontrer: qui?**

_____

_____

_____

_____

_____

_____

_____

WRITING ACTIVITIES Leçon 31 L'alibi

A 1. Panorama

A group of friends in Normandy has gone on a bicycle ride along the cliffs. They have stopped at a turnout to rest and look at the view. Say what each one sees, using the appropriate forms of **voir**.

1. Alice _____ un petit village.

2. Nous _____ des bateaux.

3. Julien et Martin _____ la mer.

4. Tu _____ une belle maison.

5. Je _____ un car de touristes.

6. Vous _____ des campeurs.

B 2. Oui ou non?

Read about the following people and say what they did or did not do, using the passé composé of the verbs in parentheses, in the affirmative or negative form.

▶ Nous avons bien joué. Nous ____n'avons pas perdu____ le match. (perdre)

1. Marc n'est pas patient. Il _____ ses amis. (attendre)

2. Les élèves ont étudié. Ils _____ à l'examen. (réussir)

3. J'ai regardé la télé. Je _____ mes devoirs. (finir)

4. Éric n'écoute pas. Il _____ la question. (entendre)

5. Anne n'a pas bien joué. Elle _____ le match. (perdre)

6. Vous êtes végétariens. Vous _____ le steak-frites. (choisir)

7. Nous faisons beaucoup d'exercices. Nous _____ . (maigrir)

8. Philippe est un bon élève. Il _____ à la question du prof. (répondre)

C 3. Et toi?

Say whether or not you did the following things yesterday evening.

▶ faire les devoirs? ____J'ai fait les devoirs. (Je n'ai pas fait les devoirs.)____

1. mettre la table? _____

2. voir un film à la télé? _____

3. faire une promenade

   en ville? _____

4. être au cinéma? _____

5. avoir un rendez-vous? _____

Nom _____

WRITING ACTIVITIES Leçon 31 (cont.)

B/C **4. Pauvre Jérôme**

Jérôme is not lucky. Describe what happened to him, by completing
the following statements with the passé composé of the verbs
in parentheses.

1. (vendre)   Jérôme _____ sa moto.

2. (acheter)   Il _____ une voiture.

3. (faire)   Il _____ une promenade à la campagne.

4. (ne pas mettre) Il _____ sa ceinture de sécurité *(seatbelt)*.

5. (ne pas voir)   Il _____ l'arbre *(tree)*.

6. (avoir)   Il _____ un accident.

7. (être)   Il _____ à l'hôpital.

8. (passer)   Il _____ trois jours là-bas.

9. (vendre)   Finalement, il _____ sa nouvelle voiture.

5. **Communication**

On a separate sheet of paper, describe several things that you did
in the past month or so. You may use the following questions as a guide.

- As-tu vu un bon film? (Quel film? Où? Quand?)
- As-tu vu un match intéressant? (Quel match? Où? Avec qui?)
- As-tu eu un rendez-vous? (Avec qui? Où?)
- As-tu fait un voyage? (Où? Quand?)
- As-tu fait une promenade en voiture? (Où? Quand?)

Nom _____

Classe _____ Date _____

WRITING ACTIVITIES Leçon 32 Qui a de la chance?

A 1. Où es-tu allé(e)?

Say whether or not you went to the following places in the past ten days. Use complete sentences.

1. au cinéma? _____

2. à la bibliothèque? _____

_____

3. chez un copain ou une copine? _____

_____

4. dans un restaurant mexicain? _____

_____

2. Où sont-ils allés?

Read what the following people did last week and then say where they went, choosing a place from the box. Be logical.

à une boum	à la campagne	au cinéma
dans un restaurant italien	à la mer	dans un magasin

1. Pauline a vu un film. _____

2. Alain et Thomas ont fait de la voile. _____

3. Marc a acheté une veste. _____

4. Stéphanie a dansé. _____

5. Mes cousins ont fait une promenade à pied. _____

6. Mélanie et sa soeur ont mangé une pizza. _____

WRITING ACTIVITIES Leçon 32 (cont.)

3. Voyages

The following people spent a month in France. Describe the things they did during their trip by using the passé composé of the verbs in parentheses. Be careful! Some of the verbs are conjugated with **être** and others with **avoir**.

1. Nicolas (arriver / visiter / aller)

   Il _____ en France le 2 juillet.

   Il _____ Paris.

   Après, il _____ à Bordeaux.

2. Juliette (aller / rester / faire)

   Elle _____ à Annecy en juin.

   Elle _____ quatre semaines là-bas.

   Elle _____ des promenades à la montagne.

3. Philippe et Thomas (aller / rendre visite / rentrer)

   Ils _____ à Nice.

   Ils _____ à leurs cousins.

   Ils _____ chez eux le 15 août.

4. Hélène et Béatrice (venir / rencontrer / voyager)

   Elles _____ en France en juillet.

   Elles _____ des copains.

   Elles _____ avec eux.

WRITING ACTIVITIES Leçon 32 (cont.)

B 4. Vive les vacances!

Say that the people below never do the things mentioned in parentheses during their vacations.

▶ (travailler) Monsieur Martin *ne travaille jamais* _____
pendant les vacances.

1. (travailler) Mes amis _____ .

2. (téléphoner à ses clients) Le docteur Thibault _____

_____ .

3. (aller à la bibliothèque) Nous _____ .

4. (étudier) Les élèves _____ .

5. (faire les devoirs) Vous _____ .

C 5. Tant pis! *(Too bad!)*

Answer the following questions in the negative.

1. Philippe n'a pas faim. Est-ce qu'il mange quelque chose?

Non, il _____ .

2. Julien n'est pas très généreux. Est-ce qu'il invite quelqu'un au restaurant?

Non, il _____ .

3. Christine est fatiguée *(tired)*. Est-ce qu'elle fait quelque chose?

Non, elle _____ .

4. Olivier est fauché *(broke)*. Est-ce qu'il achète quelque chose?

Non, il _____ .

5. Alice est très entêtée *(stubborn)*. Est-ce qu'elle écoute quelqu'un?

Non, elle _____ .

UNITÉ 8

WRITING ACTIVITIES Leçon 32 (cont.)

UNITÉ 8

6. 👥 Communication: Une page de journal *(A diary page)*

Write six sentences describing a recent trip . . . real or imaginary. You may want to answer the following questions — in French, of course!

- Where did you go?
- When did you arrive?
- How long did you stay?
- What/whom did you see?
- What did you visit?
- When did you come home?

READING AND CULTURE ACTIVITIES Unité 8

A. En vacances

1. On peut pratiquer les sports décrits
dans cette annonce . . .
- ☐ à la mer
- ☐ à la montagne
- ☐ dans une piscine
- ☐ dans un stade

SPORTS

CERCLE NAUTIQUE MARTINIQUE

Ski nautique– Planche à voile–
parachute ascentionnel– Voiliers–
Locations Bateaux moteur avec ou sans permis

Tous les jours de 8h à 17h30 – Avant 8h sur R.V
Plage Hôtel Casino BATELIERE
Tél: 05 61 66 03 pour réservation

---

2. Les gens qui répondent à cette
annonce vont . . .
- ☐ faire une promenade à pied
- ☐ aller à la campagne
- ☐ rester dans un hôtel de luxe
- ☐ faire une visite guidée en autocar

3. On peut pratiquer les activités décrites
dans cette annonce . . .
- ☐ à la mer
- ☐ à la montagne
- ☐ à la campagne
- ☐ en ville

Visiter Montréal dans un autocar de luxe
muni d'un toit vitré.

Découvrir Montréal, sa "Joie de vivre"
et ses charmes par le service de tours
guidés de Gray Line.

Tour de ville : 3 hres ; Adulte : 17$;
Enfant : 8,50 $

INFORMATION • RÉSERVATION

(514) 934-1222

Sports

**ALPINISME – ESCALADE
RANDONNEES
COMPAGNIE DES GUIDES
DE ST GERVAIS – VAL MONTJOIE**

Promenade du Mont Blanc   04 50 78 35 37
Du 15/6 au 30/6 de 15h30 à 19h.
Du 1/07 au 31/08:
de 10h à 12h et de 15h30 à 19h30.
Du 1/09 au 30/09 de 15h30 à 19h30.
Dimanches jours fériés de 16h à 19h30.
Ecole d'escalade de glace - Sorties Collectives -
Stages - Randonnées en moyenne montagne.

READING AND CULTURE ACTIVITIES Unité 8 (cont.)

UNITÉ 8

4. Les touristes intéressés par cette annonce vont . . .
- ☐ visiter Paris
- ☐ visiter Rome
- ☐ voyager en train
- ☐ faire du camping

45 Rome par avion

Voyage Individuel d'avril à octobre 399 €
Hôtel standard

Départ de Paris le jour de votre choix. Retour à Paris le jour de votre choix (mais pas avant le dimanche suivant le départ).

Prix pour 2 jours à Rome (1 nuit): 399€. comprenant le voyage aérien en classe "vacances" (vols désignés), le logement en chambre double avec bains ou douche, le petit déjeuner.

Suppléments:
Chambre individuelle: 13€ par nuit.
Nuit supplémentaire: 39€ par nuit et par personne en chambre double avec petit déjeuner.
Vol "visite": 50€.

5. Pendant le voyage décrit dans cette annonce, qu'est-ce que les touristes *ne* vont *pas* faire?
- ☐ Faire une promenade en bateau.
- ☐ Voir des tulipes.
- ☐ Visiter Rotterdam.
- ☐ Voyager en avion.

28 Tulipe Express

Départ vendredi 2 mai 300 €
tout compris sauf boissons

Vendredi 2 mai: Départ de Paris gare du Nord vers 23 h en places assises de 2ᵉ classe.
Samedi 3 mai: Arrivée à Rotterdam tôt le matin. Visite du port en bateau. Petit déjeuner à bord. Visite de Rotterdam et promenade à pied dans le centre commerical. Visite de Delft (ville et faïencerie). Déjeuner à La Haye, découverte de la ville. Visite de Madurodam. Dîner à Amsterdam. Logement.
Dimanche 4 mai: Petit déjeuner. Visite d'Amsterdam et promenade en vedette sur les canaux. Déjeuner. Visite des champs de fleurs et de l'exposition florale du Keukenhof. Départ par train en places assises de 2ᵉ classe. Dîner libre. Arrivée à Paris-Nord vers 23 h.

Supplément chambre individuelle: **20€.**
Supplément couchette à l'aller: se renseigner.

READING AND CULTURE ACTIVITIES Unité 8 (cont.)

B. À la télé ce soir

1. En France

20.40

CINÉMA OU TÉLÉVISION : TOUS LES SOIRS, UN FILM

CONAN LE BARBARE ★★★

AVENTURES. FILM DE JOHN MILIUS (ÉTATS-UNIS, 1981)
SCÉNARIO : JOHN MILIUS ET OLIVER STONE — DURÉE : 2 H 15
DIRECTEUR DE LA PHOTO : DUKE CALLAGHAN — MUSIQUE : BASIL POLEDOURIS

Fou de ciné

Conan	**Arnold Schwarzenegger**
Thulsa Doom	**James Earl Jones**
Le roi Ostric	**Max Von Sydow**
Valeria	**Sandahi Bergman**
Rexor	**Ben Davidson**
La sorcière	**Cassandra Gaviola**
La fille du roi	**Valérie Quennessen**
Subotaï	**William Smith**

Pour adultes et adolescents.

Conan (Arnold Schwarzenegger) et sa fameuse épée.

- Qu'est-ce qu'on peut voir à la télé ce soir? _____

- Comment s'appelle le film? _____

- Qui est l'acteur principal? _____

- Est-ce que c'est un film américain ou français?

  _____

- À quelle heure est le film? _____

- Regardez le texte sous la photo. Que veut dire «épée»? _____

Nom _____

FRENCH – *BLEU*

READING AND CULTURE ACTIVITIES **Unité 8** (cont.)

2. Au Canada

- Comment s'appelle ce film en français? _____

- Quel est son titre anglais? _____

- Qui est l'actrice principale? _____

- Quel jour est-ce qu'on peut voir ce film? _____

- À quelle heure est le film? _____

- Regardez le petit texte.

  Le mot «cheminement» veut dire *path*. Peux-tu deviner *(guess)*
  l'équivalent anglais des mots suivants?

  l'esclavage = _____

  la conquête = _____

  la dignité = _____

  une vedette = _____

COMMUNICATIVE EXPRESSIONS AND THEMATIC VOCABULARY

Unité 8 Le temps libre

▶ CULTURAL CONTEXT: **Leisure time activities**

COMMUNICATIVE EXPRESSIONS

Talking about what you did and where you went
>Qu'est-ce que tu as fait?
>>J'ai voyagé.
>>Je n'ai pas travaillé.

>Où est-ce que tu es allé(e)?
>>Je suis allé(e) à Québec.
>>Je ne suis pas allé(e) à Montréal.

Explaining why
>Pourquoi est-ce que tu restes chez toi?
>>Je reste chez moi pour faire mes devoirs.

VOCABULARY

Leisure time and holidays

le weekend	les vacances	Noël
	les grandes vacances	Pâques

Weekend activities

à la maison

aider	préparer
laver	réparer
nettoyer	faire les devoirs

en ville ou à la campagne

assister à un match	faire des achats
rencontrer [des amis]	faire un pique-nique
voir un film	

Travel

aller	à la mer	voyager	en avion	un avion
	à la montagne		en train	un train
			en autocar	un autocar, un car
passer	trois jours		en bateau	un bateau
	une semaine		en voiture	une voiture
	un mois			

rester à l'hôtel

UNITÉ 8

COMMUNICATIVE EXPRESSIONS AND THEMATIC VOCABULARY

VOCABULARY *(continued)*

Sports and outdoor activities

faire	du jogging	l'alpinisme (m.)	la planche à voile
	de l'alpinisme	le jogging	la voile
	de la voile	le ski	
		le ski nautique	
		le sport	

Expressions of time

maintenant	avant	d'abord
	après	ensuite
	pendant	enfin
		finalement

Other expressions of time

aujourd'hui	hier	demain
ce matin	hier matin	demain matin
cet après-midi	hier après-midi	demain après-midi
ce soir	hier soir	demain soir

samedi	samedi dernier	samedi prochain
ce weekend	le weekend dernier	le weekend prochain
cette semaine	la semaine dernière	la semaine prochaine
ce mois-ci	le mois dernier	le mois prochain

Expressions with **avoir**

avoir chaud	avoir froid
avoir faim	avoir soif
avoir raison	avoir tort
avoir de la chance	

Someone, no one; something, nothing; often, never

quelqu'un	ne . . . personne
quelque chose	ne . . . rien
souvent	ne . . . jamais

UNITÉ 9
Les repas

LISTENING ACTIVITIES
Leçons 33–36

WRITING ACTIVITIES
Leçons 33–36

READING AND CULTURE ACTIVITIES
Unité 9

POUR COMMUNIQUER

Communicative Expressions and Thematic Vocabulary

Nom _____

Classe _____ Date _____

CASSETTE WORKSHEET Leçon 33 Le français pratique:
Les repas et la nourriture

| Section 1 | **Introduction: Où allez-vous quand vous avez faim?**

A. *Compréhension orale*

a. _____

b. _____

c. _____

d. _____

e. _____

| Section 2 | **Qu'est-ce que vous aimez manger?**

B. *Compréhension orale*

a. _____ la glace à la vanille

b. _____ le jambon

c. _____ le pain, le beurre et la confiture

d. _____ le poisson, la sole et le thon

e. _____ les spaghetti et le fromage

f. _____ la viande, le poulet et le veau

g. _____ le yaourt

UNITÉ 9

CASSETTE WORKSHEET **Leçon 33** (cont.)

| Section 3 | **Vous préférez les frites ou les spaghetti?** |

C. *Compréhension orale*

     A   **B**

1. les frites   les spaghetti

2. le jus d'orange   le jus de pomme

3. le fromage   le yaourt

4. le gâteau   la glace

| Section 4 | **Qu'est-ce que vous préférez?** |

D. *Questions et réponses*

▶ —Qu'est-ce que vous préférez? le gâteau ou la glace?
   —**Je préfère le gâteau.**
     (Je préfère la glace.)

1.

2.

3.

4.

CASSETTE WORKSHEET **Leçon 33** (cont.)

| Section 5 | **Dialogue: Au marché** |

E. *Compréhension orale*

	A	**B**
1. des pommes:	un kilo	une livre
2. des haricots verts:	un kilo	une livre
3. des pamplemousses:	deux	dix

À votre tour!

Section 6. Créa-dialogue

 Allez à la page 356.

Section 7. Conversation dirigée

 Allez à la page 356.

UNITÉ 9

À LA CAMPAGNE

Restaurant végétarien

L'Auvergnat
spécialités
de jambon

*Au petit
gourmand*
ses glaces et ses gâteaux

CHEZ OBÉLIX

spécialités
de bonnes
viandes

CHEZ RIGOLETTO

spécialités italiennes

*À la
Normandie*

spécialités
de fromages

AU
PALAIS
DES GLACES
spécialités
de glaces

CASSETTE WORKSHEET Leçon 34 À la cantine

| Section 1 | À la cantine

A. *Compréhension orale*

> *Il est midi et demi. Sophie va à la cantine. Elle rencontre Jean-Paul.*
>
> SOPHIE: Est-ce que tu veux déjeuner avec moi?
> JEAN-PAUL: Ça dépend. Qu'est-ce qu'il y a aujourd'hui?
> SOPHIE: Il y a du poisson!
> JEAN-PAUL: Du poisson?
> SOPHIE: Oui, du poisson.
> JEAN-PAUL: Quelle horreur! Bon, aujourd'hui, je ne veux pas déjeuner.
> SOPHIE: Il y a aussi du gâteau.
> JEAN-PAUL: Du gâteau! Hm . . .
> SOPHIE: Et de la glace!
> JEAN-PAUL: Une minute . . . je vais prendre un plateau.

| Section 2 | **Les verbes *vouloir* et *prendre***

B. *Écoutez et répétez.*

   Allez à la page 360.

| Section 3 | **Voici du pain**

C. *Compréhension orale*

		1	2	3	4	5	6	7
A	**du**							
B	**de la**							

UNITÉ 9

CASSETTE WORKSHEET Leçon 34 (cont.)

| Section 4 | Je prends du beurre? |

D. *Compréhension orale*

a. ____   b. ____   c. ____

d. ____   e. ____

| Section 5 | Tu veux du pain? |

E. *Questions et réponses*

▶ —Tu veux du pain?
  —Oui, donne-moi du pain, s'il te plaît.   ▶

1.   2.   3.   4.

5.   6.   7.

UNITÉ 9

CASSETTE WORKSHEET Leçon 34 (cont.)

| Section 6 | Dialogue: Le pique-nique |

F. *Compréhension orale*

Scène 1
1. Madame Martin va faire les courses. vrai faux
2. Elle veut quelque chose de simple pour le pique-nique. vrai faux

Scène 2
3. Monsieur Martin et son fils achètent du pain. vrai faux
4. Ils achètent du beurre et du fromage. vrai faux
5. Ils achètent des yaourts. vrai faux
6. Ils achètent du jambon et du saucisson. vrai faux
7. Ils n'achètent pas de rosbif. vrai faux
8. Philippe a oublié la moutarde et le ketchup. vrai faux
9. Ils prennent de l'eau minérale. vrai faux
10. Ils ne prennent pas de jus d'orange. vrai faux

Scène 3
11. Madame Martin pense qu'ils ont acheté quelque chose de simple pour le pique-nique. vrai faux
12. Monsieur Martin pense qu'ils ont acheté quelque chose de simple pour le pique-nique. vrai faux

| Section 7 | Le petit déjeuner |

G. *Compréhension orale*

	A	B	C	D
	Mme Aubin	**M. Aubin**	**Nathalie**	**Caroline**
1. du café				
2. du café au lait				
3. du chocolat				
4. du thé nature				
5. du pain				
6. du beurre				
7. de la confiture				
8. des biscottes				
9. des céréales avec du lait				

UNITÉ 9

CASSETTE WORKSHEET Leçon 34 (cont.)

| Section 8 | **Prononciation** |

H. *Les lettres «ou» et «u»*

Écoutez: **la poule**   **le pull**

The letters "**ou**" always represent the sound /u/.

Répétez: /u/ **vous nous poulet soupe**
          fourchette couteau douzaine

The letter "**u**" always represents the sound /y/.

Répétez: /y/ **tu du une légume jus**
          sucre bien sûr avenue musée

Now distinguish between the two vowel sounds:

Répétez: /u/ – /y/ **poule** *(hen)* – **pull**
          roue *(wheel)* – **rue** **vous** – **vue** *(view)*
          je joue – **le jus**
          Vous buvez du jus de pamplemousse.
          Je voudrais de la soupe, du poulet et du jus de raisin.

À votre tour!

Section 9. Allô!

 Allez à la page 368.

Section 10. Créa-dialogue

 Allez à la page 368.

DISCOVERING
FRENCH – BLEU

CASSETTE WORKSHEET Leçon 35 Un client difficile

Section 1 Un client difficile

A. *Compréhension orale*

M. Ronchon a beaucoup d'appétit . . . mais pas beaucoup de patience. En fait, M. Ronchon est rarement de bonne humeur. Et quand il est de mauvaise humeur, c'est un client difficile. Aujourd'hui, par exemple, au restaurant . . .

M. RONCHON: Garçon!
GARÇON: J'arrive!
M. RONCHON: Qu'est-ce que vous avez comme hors d'oeuvre?
GARÇON: Nous avons du jambon et du saucisson.
M. RONCHON: Apportez-moi tout ça . . . avec du pain et du beurre, eh!
GARÇON: Bien, monsieur.

GARÇON: Et cómme boisson, qu'est-ce que je vous apporte?
M. RONCHON: Donnez-moi de l'eau minérale . . . Dépêchez-vous! J'ai soif!
M. RONCHON: Apportez-moi du poulet et des frites . . . Dépêchez-vous! J'ai très faim!
GARÇON: Je vous apporte ça tout de suite.
M. RONCHON: Et apportez-moi aussi du fromage, ah . . . de la glace, oh . . . de la tarte aux pommes et de la tarte aux abricots . . . Mais, qu'est-ce que vous attendez?
GARÇON: Tout de suite, monsieur, tout de suite.
M. RONCHON: Mais qu'est-ce que vous m'apportez?
GARÇON: Je vous apporte l'addition!

UNITÉ 9

Section 2 Les services personnels

B. *Écoutez et répétez.*

  Allez à la page 373.

Nom _____

CASSETTE WORKSHEET Leçon 35 (cont.)

Section 3 Apportez-moi du poulet . . .

C. *Compréhension orale*

a. _____

b. _____

c. _____

d. _____

e. _____

f. _____

UNITÉ 9

CASSETTE WORKSHEET Leçon 35 (cont.)

Section 4 | **Qu'est-ce que tu veux?**

D. *Questions et réponses*

▶ —Qu'est-ce que tu veux? de l'eau minérale ou du jus d'orange?
—Donne-moi de l'eau minérale, s'il te plaît.
(Donne-moi du jus d'orange, s'il te plaît.)

▶

1.

2.

3.

4.

CASSETTE WORKSHEET Leçon 35 (cont.)

| Section 5 | Les verbes *pouvoir* et *devoir* |

E. *Écoutez et répétez.*

 Allez à la page 376.

| Section 6 | Prononciation |

F. *Les lettres «s» et «ss»*

Écoutez: **poison**   **poisson**
Be sure to distinguish between "**s**" and "**ss**" in the middle of a word.

Répétez: /z/ **mauvaise cuisine fraise mayonnaise
quelque chose magasin**

/s/ **poisson saucisson dessert boisson assiette
pamplemousse**

/z/ – /s/ **poison – poisson désert – dessert
Comme dessert nous choisissons une tarte aux fraises.**

À votre tour!

Section 7. Allô!

 Allez à la page 378.

Section 8. Créa-dialogue

Allez à la page 378.

Nom _____

Classe _____ Date _____

CASSETTE WORKSHEET Leçon 36 Pique-nique

| Section 1 | Dialogue: Pique-nique |

A. *Compréhension orale*

> *Florence et Jérôme organisent un pique-nique ce weekend. Ils préparent la liste des invités.*
> *Qui vont-ils inviter?*
>
> FLORENCE: Tu connais Stéphanie?
>   JÉRÔME: Oui, je la connais. C'est une copine.
> FLORENCE: Je l'invite au pique-nique?
>   JÉRÔME: Bien sûr. Invite-la.
> FLORENCE: Et son cousin Frédéric, tu le connais?
>   JÉRÔME: Oui, je le connais un peu.
> FLORENCE: Je l'invite aussi?
>   JÉRÔME: Non, ne l'invite pas. Il est trop snob.
> FLORENCE: Comment? Tu le trouves snob? Moi, je le trouve intelligent et sympa-
>   thique. Et puis, il a une voiture et nous avons besoin d'une voiture pour
>   transporter tout le monde . . .
>   JÉRÔME: Florence, tu es géniale . . . C'est vrai, Frédéric n'est pas aussi snob que ça
>   . . . Téléphonons-lui tout de suite et invitons-le au pique-nique!

| Section 2 | Le verbe *connaître* |

B. *Écoutez et répétez.*

   Allez à la page 382.

| Section 3 | Tu le connais? |

C. *Questions et réponses*

		1	2	3	4	5
A	le					
B	la					
C	les					

CASSETTE WORKSHEET Leçon 36 (cont.)

| Section 4 | **Tu connais Blanche-Neige?** |

D. *Questions et réponses*

▶ —Tu connais Blanche-Neige?
   —**Oui, je la connais.**
   (**Non, je ne la connais pas.**)

1. Astérix
2. les Schtroumpfs
3. Batman
4. Oprah Winfrey
5. Bill Cosby
6. New Kids on the Block

| Section 5 | **On va lui parler?** |

E. *Compréhension orale*

		1	2	3	4
A	**lui**				
B	**leur**				

| Section 6 | **Dialogue: Sur la plage** |

F. *Compréhension orale*

1.	Jean-Paul et Philippe sont à Deauville.	vrai	faux
2.	À la plage, ils voient une fille.	vrai	faux
3.	Jean-Paul ne la connaît pas.	vrai	faux
4.	Jean-Paul va lui demander quelle heure il est.	vrai	faux
5.	Jean-Paul va lui demander si elle est en vacances.	vrai	faux
6.	Jean-Paul va l'inviter à aller au cinéma.	vrai	faux
7.	Jean-Paul ne lui parle pas.	vrai	faux
8.	C'est un nouveau garçon qui parle à la fille.	vrai	faux

UNITÉ 9

DISCOVERING FRENCH – BLEU

CASSETTE WORKSHEET Leçon 36 (cont.)

| Section 7 | **Prononciation** |

G. *Les lettres «on» et «om»*

Écoutez: **lion   lionne**

Be sure to distinguish between the nasal and non-nasal vowel sounds.

REMEMBER: Do not pronounce an /n/ or /m/ after the nasal vowel /ɔ̃/.

Répétez: /ɔ̃/   **mon   ton   son   bon   avion   montrer   répondre
invitons   blouson**

   /ɔ̃n/   **téléphone   Simone   donner   connais   mayonnaise
personne   bonne**

   /ɔ̃m/   **fromage   promenade   tomate   pomme   dommage
comment**

/ɔ̃/ – /ɔ̃n/   **lion – lionne   bon – bonne   Simon – Simone
Yvon – Yvonne
Monique donne une pomme à Raymond.
Simone connaît mon oncle Léon.**

À votre tour!

Section 8. Allô!

   Allez à la page 390.

Section 9. Créa-dialogue

   Allez à la page 390.

UNITÉ 9

WRITING ACTIVITIES   Leçon 33   Le français pratique: Les repas et la nourriture

A/B/C   **1. L'intrus** *(The intruder)*

For each of the boxes, the item that does not fit the category is the intruder. Find it and cross it out.

FRUITS
poire
fromage
cerise
pamplemousse

LÉGUMES
fraises
carottes
haricots verts
pommes de terre

VIANDE
veau
rosbif
poulet
frites

DESSERTS
glace
gâteau
jambon
tarte

BOISSONS
lait
confiture
eau minérale
thé glacé

PRODUITS
LAITIERS
(dairy products)
yaourt
fromage
lait
poire

PETIT DÉJEUNER
pain
thon
beurre
confiture

UN REPAS
VÉGÉTARIEN
riz
légumes
salade
saucisson

DANS LE
RÉFRIGÉRATEUR
serviette
oeufs
thé glacé
beurre

REPAS
dîner
nourriture
petit déjeuner
déjeuner

UNITÉ 9

WRITING ACTIVITIES Leçon 33 (cont.)

2. Tes préférences
List the foods you like for each of the following courses.

1. Comme hors-d'oeuvre, j'aime _____.

2. Comme viande, j'aime _____.

3. Comme légumes, j'aime _____.

4. Comme fruits, j'aime _____.

5. Comme dessert, j'aime _____.

3. Au menu
Imagine you are working for a French restaurant. Prepare a different menu for each of the following meals.

WRITING ACTIVITIES Leçon 33 (cont.)

4. Le pique-nique

You have decided to organize a picnic for your French friends.
Prepare a shopping list.

liste

UNITÉ 9

WRITING ACTIVITIES Leçon 33 (cont.)

5. Le mot juste
Complete each of the following sentences with a word from the box.
Be logical!

légumes	**livre**	**verre**	**couteau**
courses	**viande**	**cuisine**	**petit déjeuner**

1. Demain, je vais prendre le _____ à huit heures et quart.

2. J'ai besoin d'un _____ pour couper *(to cut)* mon steak.

3. Ma soeur a passé l'été au Mexique. Maintenant elle adore la _____ mexicaine.

4. Alice est végétarienne. Elle ne mange jamais de _____ .

5. Voici un _____ d'eau minérale.

6. Au supermarché j'ai acheté des fruits et des _____ .

7. Nous avons besoin de nourriture. Je vais faire les _____ .

8. S'il vous plaît, donnez-moi une _____ de cerises.

Nom _____

Classe _____ Date _____

WRITING ACTIVITIES Leçon 34 À la cantine

A 1. Quand on veut . . .

Read about the following people. Then decide whether or not they
want to do certain things. Complete the sentences with the appropriate affirmative or negative forms of **vouloir.**

▶ Nous sommes en vacances. Nous ___ne voulons pas___ étudier.

1. J'ai envie de voir un film. Je _____ aller au cinéma.

2. Tu es timide. Tu _____ parler en public.

3. Mes cousines ont envie de voyager cet été. Elles _____
aller au Pérou.

4. Olivier est fatigué. Il _____ aller au concert avec nous.

5. Nous avons faim. Nous _____ déjeuner.

6. Stéphanie a besoin d'argent. Elle _____ vendre son vélo.

7. Vous êtes très impatients. Vous _____ attendre vos copains.

8. Mes petits cousins regardent un film. Ils _____ aller au lit.

B 2. Quel objet?

In order to do certain activities, people must take along certain things.
Write complete sentences to say what people are taking, using the
appropriate form of **prendre** and one of the objects in the box.
Be logical.

argent	appareil-photo	livres	raquette
maillot de bain	vélo	calculatrices	

▶ Paul va jouer au tennis.   Il prend sa raquette. _____

1. Caroline va nager.   _____

2. Les élèves vont en classe.   _____

3. Je vais faire des achats.   _____

4. Tu veux prendre des photos.   _____

5. Vous faites une promenade à la campagne. _____

6. Nous faisons des devoirs de maths.   _____

UNITÉ 9

WRITING ACTIVITIES Leçon 34 (cont.)

C 3. «À la bonne auberge»

You are working as a waiter/waitress in a French restaurant named "À la bonne auberge." Explain the menu to your customers. Fill in the blanks with the appropriate *partitive articles*.

1. Comme hors-d'oeuvre, il y a _____ jambon et _____ soupe.

2. Comme viande, il y a _____ poulet et _____ rosbif.

3. Comme poisson, il y a _____ sole et _____ thon.

4. Après, il y a _____ salade et _____ fromage.

5. Comme dessert, il y a _____ glace et _____ tarte aux fraises.

4. À votre tour

Now it is your turn to be the client. The waiter is offering you the following choices. Tell him what you would like.

▶ soupe ou saucisson?   *Je voudrais du saucisson (de la soupe).*

1. poisson ou viande? _____

2. veau ou poulet? _____

3. ketchup ou mayonnaise? _____

4. yaourt ou fromage? _____

5. gâteau ou tarte? _____

6. thé ou café? _____

7. eau minérale ou jus d'orange? _____

5. Les courses

Your brother is going shopping and is making a list. Tell him what to buy.

▶

1.   3.   8.

▶ *Achète du pain.*

1. _____   5. _____

2. _____   6. _____

3. _____   7. _____

4. _____   8. _____

Header with Nom field and Discovering French - Bleu logo.

Nom _____

WRITING ACTIVITIES Leçon 34 (cont.)

D **6. Un végétarien**

You are under doctor's orders not to eat meat. Imagine you are
having lunch at a French restaurant. What will you answer when the
waiter offers you the following foods?

▶ (la salade)   *Oui, je veux bien de la salade.* _____

▶ (le rosbif)   *Non, merci. Je ne veux pas de rosbif.* _____

1. (la soupe)   _____

2. (le melon)   _____

3. (le poulet)   _____

4. (le jambon)   _____

5. (le veau)   _____

6. (la glace)   _____

7. À la cantine

Look at the various items on Michel's cafeteria tray and answer the
questions accordingly.

▶ Est-ce que Michel a pris de la soupe?   *Non, il n'a pas pris de soupe.*

1. Est-ce que Michel a mangé du fromage?   _____

2. Est-ce qu'il a mangé de la salade?   _____

3. Est-ce qu'il a mangé de la viande?   _____

4. Est-ce qu'il a pris de l'eau minérale?   _____

5. Est-ce qu'il a pris du jambon?   _____

6. Est-ce qu'il a mangé du pain?   _____

UNITÉ 9

WRITING ACTIVITIES Leçon 34 (cont.)

E 8. À la boum

Say what the guests are drinking at the party. Complete the
sentences with the appropriate forms of **boire.**

1. Alain _____ du thé glacé.

2. Bruno et Guillaume _____ du soda.

3. Je _____ du soda, aussi.

4. Tu _____ de l'eau minérale.

5. Nous _____ de la limonade.

6. Vous _____ du jus de fruit.

9. Communication

A. Un repas

In a short paragraph, write about a recent meal (real or imaginary).
Use words you know to describe . . .

- *where you ate*

- *what you had for each course*

- *what you drank*

▶ Samedi dernier, j'ai dîné dans un

restaurant français.

Comme hors-d'oeuvre, j'ai pris du melon.

_____

_____

_____

_____

_____

_____

B. Le réfrigérateur

Check the contents of your refrigerator. List the names of the items
that you know in French. Also list some of the things that are not in
your refrigerator.

Dans mon réfrigérateur, il y a . . .	Il n'y a pas . . .
• du lait	• de jus de raisin
•	•
•	•
•	•
•	•
•	

Classe _____ Date _____

WRITING ACTIVITIES Leçon 35 Un client difficile

A 1. D'accord ou pas d'accord?

Complete the mini-dialogues by answering the questions, using appropriate pronouns. Answer questions 1–3 affirmatively; answer questions 4 and 5 negatively.

1. —Tu m'invites chez toi?

   —D'accord, _____.

2. —Tu nous attends après la classe?

   —D'accord, _____.

3. —Tu me téléphones ce soir?

   —D'accord, _____ après le dîner.

4. —Tu m'attends?

   —Non, _____ . Je n'ai pas le temps.

5. —Tu nous invites au cinéma?

   —Non, _____.
   Je n'ai pas d'argent.

WRITING ACTIVITIES Leçon 35 (cont.)

B **2. S'il te plaît!**
Ask your friends to do certain things for you, using the verbs in parentheses.

▶ J'ai besoin d'argent. (prêter)

S'il te plaît, _prête-moi_ dix euros .

1. Je voudrais réparer mon vélo. (aider)

S'il te plaît, _____ .

2. J'ai faim. (donner)

S'il te plaît, _____ un sandwich.

3. Oh là là, j'ai très soif. (apporter)

S'il te plaît, _____ un verre d'eau.

4. Je voudrais prendre des photos. (prêter)

S'il te plaît, _____ ton appareil-photo.

5. Je voudrais téléphoner à ton copain. (donner)

S'il te plaît, _____ son numéro de téléphone.

3. Petits services
Ask your French friend Vincent to . . .

• loan you his calculator _____

• give you his cousin's address (*l'adresse*) _____

• invite you to his party _____

• show you his photos _____

• wait for you after the class _____

• bring you a sandwich _____

UNITÉ 9

WRITING ACTIVITIES Leçon 35 (cont.)

C **4. C'est impossible!**
The following people cannot do certain things because they have to
do other things. Express this by using the appropriate forms of
pouvoir and **devoir,** as well as your imagination.

▶ Olivier _ne peut pas_____ aller au cinéma.

  _Il doit étudier (aider sa mère, . . .)_____.

1. Nous _____ jouer au basket avec vous.

   Nous _____.

2. Je _____ dîner chez toi.

   Je _____.

3. Véronique et Françoise _____ venir à la boum.

   Elles _____.

4. Vous _____ aller au concert.

   Vous _____.

5. Jean-Marc _____ rester avec nous.

   Il _____.

6. Tu _____ rencontrer tes copains.

   Tu _____.

UNITÉ 9

WRITING ACTIVITIES Leçon 35 (cont.)

5. Communication: Un bon conseiller *(A good adviser)*

Imagine that you are a newspaper columnist and your readers write you for advice. Here are some of their problems. Write out your advice for each one, using the appropriate present-tense forms of **devoir** or **pouvoir** — and your imagination!

▶ «Je veux voyager cet été, mais je n'ai pas beaucoup d'argent. Qu'est-ce que je peux faire?»

Vous pouvez aller chez des amis à la mer.

Vous pouvez travailler pour gagner de l'argent et pour payer le voyage.

1. «Je n'ai pas de bonnes notes en français. Qu'est-ce que je dois faire?»

_____

_____

2. «Mon ami et moi, nous voulons faire une surprise à un copain pour son anniversaire. Qu'est-ce que nous pouvons faire?»

_____

_____

3. «Mes cousins vont en France pendant les vacances. Qu'est-ce qu'ils peuvent faire pendant leur voyage?»

_____

_____

4. «Avec une copine, nous voulons organiser une boum pour nos amis français. Qu'est-ce que nous devons faire?»

_____

_____

5. «En ce moment, j'ai des problèmes avec mon copain (ma copine). Qu'est-ce que je dois faire?»

_____

_____

UNITÉ 9

WRITING ACTIVITIES Leçon 36 Pique-nique

A 1. Connaissances

Complete the sentences below with the appropriate forms of
connaître. Your answers could be affirmative or negative.

1. Je _____ San Francisco.

2. Mes copains _____ ma famille.

3. Ma copine _____ mes cousins.

4. Ma famille et moi, nous _____ bien nos voisins.

B 2. Les photos d'Isabelle

While showing pictures of her friends, Isabelle makes comments about them. Complete her
sentences with the appropriate direct object pronouns.

1. Voici Julien.

   Je _____ connais très bien. Je _____ rencontre souvent

   au café. Je _____ aide avec ses devoirs.

2. Voici Pauline.

   Je _____ trouve très intelligente. Je _____ aime

   beaucoup. Je _____ vois souvent le weekend.

3. Voici mes cousins.

   Je _____ vois pendant les vacances. Je _____ trouve un

   peu snobs.

4. Voici mes copines.

   Je _____ trouve très sympathiques. Je _____ invite

   souvent chez moi.

UNITÉ 9

WRITING ACTIVITIES Leçon 36 (cont.)

3. Correspondance

Jean-François, your French pen pal, has written you a letter asking about your activities. Answer his questions affirmatively or negatively, using direct object pronouns.

▶ Tu regardes la télé?

Oui, je la regarde. (Non, je ne la regarde pas.)

1. Tu regardes les matchs de foot? _____

2. Tu écoutes la radio? _____

3. Tu écoutes souvent tes compacts? _____

4. Tu prêtes tes cassettes? _____

5. Tu prends le bus pour aller à l école? _____

6. Tu invites souvent tes amis à la maison? _____

7. Tu aides ta mère? _____

8. Tu fais les courses? _____

9. Tu vois tes cousins? _____

10. Tu connais bien ton professeur de français? _____

C 4. En colonie de vacances (At camp)

You are at a French summer camp. Your roommate is asking whether he/she can do the following things. Answer affirmatively or negatively, according to the way you feel.

▶ Je prends ta raquette?

Oui, prends-la.

(Non, ne la prends pas.)

1. Je prends ton appareil-photo? _____

2. Je mets la radio? _____

3. Je mets le disque de rap? _____

4. Je nettoie la chambre? _____

5. Je fais le lit? _____

6. Je regarde les photos? _____

UNITÉ 9

WRITING ACTIVITIES Leçon 36 (cont.)

D **5. Les cadeaux** *(Presents)*
Imagine that you have bought the following presents. Decide which one you
are giving to each of the following people and then write out your choices.
If you wish, you may decide on other presents that are not illustrated.

▶ (à mon père)   *Je lui donne une cravate (un livre, etc.).*

1. (à ma mère)   _____

2. (à mes grands-parents)   _____

3. (à mes cousins)   _____

4. (au professeur de français)   _____

5. (à mon meilleur ami)   _____

6. (à ma meilleure amie)   _____

6. Les copains d'Hélène
Raphaël wants to know more about Hélène's friends. Complete Hélène's answers
with the appropriate pronouns, direct **(le, la, l', les)** or indirect **(lui, leur).**

RAPHAËL	HÉLÈNE
▶ Tu téléphones souvent à Éric?	Oui, je ___*lui*___ téléphone assez souvent.
1. Tu connais bien Marthe?	Oui, je _____ connais assez bien.
2. Tu vois Éric et Olivier ce weekend?	Oui, je _____ vois samedi matin.
3. Tu téléphones à Catherine ce soir?	Oui, je _____ téléphone après le dîner.
4. Tu invites Cédric à ta boum?	Bien sûr, je _____ invite. C'est un très bon copain.
5. Tu rends souvent visite à tes copains canadiens?	Oui, je _____ rends visite assez souvent.
6. Tu parles souvent à tes cousins?	Bien sûr, je _____ parle tous les jours *(every day)*.
7. Tu aides ton frère?	Bien sûr. Je _____ aide quand il a un problème.
8. Tu prêtes tes compacts à Robert?	En général, oui, je _____ prête mes CDs.

WRITING ACTIVITIES Leçon 36 (cont.)

E 7. Lettres de vacances

In the summer we like to write to people we know and let them know what we are doing. Complete the following sentences with the appropriate forms of **écrire** and **dire**.

▶ Francis _____ écrit _____ à sa copine.

Il lui _____ dit _____ qu'il veut lui rendre visite.

1. Nous _____ à nos copains.

   Nous leur _____ que nous passons des vacances extra!

2. Caroline _____ à sa cousine.

   Elle lui _____ qu'elle a rencontré un garçon très

   sympathique.

3. Tu _____ à tes grands-parents.

   Tu leur _____ qu'il fait beau et que tu apprends

   à faire de la voile.

4. Vous _____ au professeur.

   Vous lui _____ que vous êtes en France.

5. J' _____ à ma mère.

   Je lui _____ que j'ai besoin d'argent.

6. Cécile et Mélanie _____ à leurs parents.

   Elles leur _____ qu'elles sont très contentes

   de leurs vacances.

WRITING ACTIVITIES Leçon 36 (cont.)

8. **Communication: Êtes-vous serviable?** *(Are you helpful?)*

Are you helpful? Of course you are! Write two things you would do for the following people in the circumstances mentioned below. Be sure to use the appropriate *direct* or *indirect* object pronouns. You may want to select some of the verbs in the box.

acheter	**aider**	*donner*	**écrire**	inviter
parler	**prêter**	*rendre visite*	**téléphoner**	

▶ Ma meilleure amie a un problème avec sa famille.

    Je lui téléphone. Je l'aide. (Je lui parle. Je l'invite chez moi.)

1. Mes grands-parents sont malades.

    _____

2. Ma cousine est à l'hôpital.

    _____

3. Mes amis ont des problèmes avec la classe de français.

    _____

4. Mon meilleur copain a besoin d'argent.

    _____

5. Le professeur est malade.

    _____

6. Une amie organise une boum et a besoin d'aide.

    _____

READING AND CULTURE ACTIVITIES Unité 9

A. Dîner en ville

1. Quel plat est-ce qu'on *ne* peut *pas* trouver dans ce restaurant?
- ☐ Salade de tomates.
- ☐ Omelette au jambon.
- ☐ Glace à la vanille.
- ☐ Yaourt.

2. Qu'est-ce qu'on peut faire dans ce restaurant?
- ☐ Manger des spaghetti.
- ☐ Manger de la nourriture chinoise.
- ☐ Parler japonais.
- ☐ Écouter de la musique.

3. Quelles sont les spécialités de ce restaurant?
- ☐ La viande.
- ☐ Le poisson.
- ☐ Les fromages.
- ☐ Les desserts.

4. Qu'est-ce qu'on peut manger dans ce restaurant?
- ☐ De la cuisine mexicaine.
- ☐ Des spécialités de la Martinique.
- ☐ Un bon steak.
- ☐ Des pizzas.

READING AND CULTURE ACTIVITIES Unité 9 (cont.)

B. Vinaigrette

Vinaigrette

Mettez dans un petit bol :
- *1 cuillère à soupe de vinaigre,*
- *½ cuillère à café de moutarde,*
- *4 pincées de sel.*

Ajoutez :
- *3 cuillères à soupe d'huile d'olive.*

Mélangez bien avec une fourchette.
Versez la vinaigrette sur la salade.

1. Ce texte est . . .
☐ une recette *(recipe)*
☐ un menu
☐ une liste de courses
☐ la description d'un repas

2. Qu'est-ce que c'est «vinaigrette»?
☐ Un hors-d'oeuvre.
☐ Le nom d'un restaurant.
☐ Une sauce pour la salade.
☐ Le nom d'un magasin.

READING AND CULTURE ACTIVITIES Unité 9 (cont.)

C. Petit déjeuner dans l'avion

Imaginez que vous allez passer une semaine de vacances en France avec votre famille. Maintenant vous êtes dans l'avion et c'est le moment du petit déjeuner.

Qu'est-ce que vous allez choisir?

Le Petit Déjeuner
sera servi avant l'atterrissage

Choix de Jus de Fruits Frais

❧

Assiette de Fruits Frais de Saison

❧

Choix de Yaourts
Sélection de Céréales

❧

Assortiment de Pains
Danoise aux Graines de Pavot   Gâteau aux Pommes
Croissants

- Est-ce que vous prenez un jus

  de fruits? _____

  Si oui, quel jus de fruits préférez-

  vous? _____

  _____

  Qu'est-ce que vous dites à l'hôtesse?

  _____

- Est-ce que vous voudriez *(would like)* des fruits? _____

  Si oui, quels fruits aimez-vous? _____
  Qu'est-ce que vous dites à l'hôtesse?

  _____

- Est-ce que vous allez prendre un yaourt? _____

  Si oui, quel parfum *(flavor)*? _____
  Qu'est-ce que vous dites à l'hôtesse?

  _____

- Est-ce que vous allez manger des céréales? _____
  Qu'est-ce que vous dites à l'hôtesse?

  _____

- Est-ce que vous allez choisir un pain? _____
  Si oui, quel pain? (Notez: «graines de pavot» = *poppy seeds*)

  Qu'est-ce que vous dites à l'hôtesse?

  _____

Nom _____

DISCOVERING FRENCH – BLEU

READING AND CULTURE ACTIVITIES Unité 9 (cont.)

D. Les courses

Imaginez que vous êtes en France avec vos parents. Vous venez de faire les courses à La Grande Épicerie de Paris.

Maintenant votre mère, qui ne comprend pas le français, a des questions.

- How much did you spend for the following things?

bread? _____ + _____ = _____

butter? _____ = _____

cheese? _____ + _____ = _____

fruits and vegetables? _____ + _____ + _____ + _____ = _____

Total = _____

- Is the store open . . .

Monday at 9 A.M.?	yes	no
Tuesday at 9:30 P.M.?	yes	no
Wednesday noon?	yes	no
Thursday at 8 A.M.?	yes	no
Friday at 9:45 P.M.?	yes	no
Saturday morning?	yes	no
Sunday afternoon?	yes	no

```
* LA GRANDE EPICERIE DE PARIS *
    OUVERT DU LUNDI AU SAMEDI

  PAINS POILANE
  PAINS POILANE            2,25
  FROMAGE COUPE            2,25
  FROMAGE COUPE           15,75
  FRUITS ET LEGUMES       12,40
  BEURRE CHARENTE/P.        1,75
  FRAISE 1L                2,50
  FRUITS ET LEGUMES        4,25
  CONCOMBRE                3,00
                           1,50
****
               TOT
  ESPECES               45,65
                        45,65
26/06/00 11:03 4680 07 0124 138
DE 8H30 A 21H-LUNDI ET VENDREDI 22H
  MERCI DE VOTRE VISITE A BIENTOT
```

UNITÉ 9

316 UNITÉ 9 ■ Reading and Culture Activities

© D.C. Heath and Company. All rights reserved.

READING AND CULTURE ACTIVITIES Unité 9 (cont.)

E. Aux Deux Magots
L'été 1999 vous avez visité le musée d'Orsay le matin. À midi et demi
vous avez déjeuné aux Deux Magots. Regardez bien le menu.

- Regardez le choix de jus de fruits.

  Quel jus de fruit est-ce que vous allez choisir? _____

  Combien coûte-t-il? _____

- Regardez le choix de sandwichs.

  Quel sandwich avez-vous choisi? _____

  Combien est-ce qu'il coûte? _____

- Choisissez un dessert: une glace ou un sorbet ou une pâtisserie.

  Qu'est-ce que vous avez choisi? _____

  Combien coûte ce dessert? _____

- Maintenant faites le total.

  Quel jus de fruit est-ce que vous avez choisi? _____

  Combien coûte-t-il en dollars? (Notez: $1 = approximativement 1 euro.) _____

DEPUIS 1885
LES DEUX MAGOTS
Café Littéraire

6 PLACE • SAINT GERMAIN DES PRES 75006 PARIS TEL 01. 45 48 5

BOISSONS

Chocolat	3,50
Café	3,50
Thé	3,50
Limonade	3,50
Jus de fruit : Ananas, Abricot, Pamplemousse,	
Orange, Raisin et Jus de tomate	3,50
Eaux minérales (le 1/4) : Evian, Perrier,	
Vichy, Vittel, Badoit	3,50
Oranges ou citrons pressés	4,25
Lait aromatisé	3,25

LES SANDWICHS

Jambon de Paris	4,00
Jambon de Bayonne	5,00
Saucisson beurre	4,00
Mixte : jambon, Comté	5,00
Fromage Comté ou camembert normand	4,00
Le Croque Monsieur	5,00
La quiche Lorraine	4,75
La salade Deux Magots	
(salade verte, jambon, poulet,	
gruyère, tomate, oeuf dur)	7,25
Salade verte	4,25

LES FROMAGES

Crottin de Chavignol chaud sur	
pain Poilâne	6,00
Crottin de Chavignol goat cheese	5,25
Assiette de Comté	5,25
Camembert normand	4,00

LES PATISSERIES

Gâteau au chocolat	5,00
Tarte Tatin chaude	5,50
Avec crème fraîche supplément	1,00
Pâtisserie au choix	4,25
Cake	1,50

GLACES ET SORBETS
deux parfums au choix

Café, Vanille, Noisette, Pistache,	
Rhum raisin, Chocolat	5,00
Cassis, Citron, Fraise, Framboise,	
Fruits de la passion, Spécial tropic	5,50
Coupe des Deux Magots	
(glace Vanille, Sorbet et Sirop cassis)	6,00

UNITÉ 9

COMMUNICATIVE EXPRESSIONS AND THEMATIC VOCABULARY
Unité 9 Les repas

▶ CULTURAL CONTEXT: **Foods and meals**

COMMUNICATIVE EXPRESSIONS

Talking about what you like and don't like to eat or drink
> J'aime le [gâteau].
> Je préfère [la glace].
> Je déteste [le poisson].

Offering a friend some food
> Est-ce que tu veux | du pain?
> | de la glace?

> Donne-moi | du fromage.
> | de la tarte.

Talking about food shopping
> Je vais au marché.
> Je vais faire les courses.

Asking for specific quantities
> **Vous désirez?**
> Donnez-moi | un kilo de . . .
> Je voudrais | une livre de . . .
> | une douzaine de . . .

Interrelating with others: asking for and offering services
> Tu me prêtes ton vélo?
> D'accord, je te prête mon vélo.

> Prête-moi ton vélo.

> Tu nous invites à ta boum?
> D'accord, je vous invite.

> Invite-nous à ta boum.

Talking about people you know
> Tu connais | Jérôme?
> | Christine?
> | ces filles?

> Oui, je | le | connais.
> | la |
> | les |

> Non, je ne | le | connais pas.
> | la |
> | les |

Talking about what we do for others
> Tu téléphones à | François?
> | Pauline?
> | tes copains?

> Oui, je | lui | téléphone.
> | lui |
> | leur |

> Non, je ne | lui | téléphone pas.
> | lui |
> | leur |

COMMUNICATIVE EXPRESSIONS AND THEMATIC VOCABULARY

VOCABULARY

Meals and food
un repas
le petit déjeuner   prendre le petit déjeuner
le déjeuner   déjeuner
le dîner   dîner

la nourriture   aimer
la cantine   détester
la cuisine *(cooking, cuisine)*   préférer

Setting the table
le couvert   une assiette   mettre la table
un couteau   une cuillère
un verre   une fourchette
            une serviette
            une tasse

Foods and beverages
un plat   une boisson

le petit déjeuner
     le beurre   la confiture
     le pain   les céréales
     un oeuf

le déjeuner et le dîner
     un dessert   le riz   les frites (f.)
     le fromage   le rosbif   la glace
     le gâteau   les spaghetti (m.)   la salade
     un hors-d'oeuvre   le thon   la soupe
     le jambon   le veau   la tarte
     le poisson   le yaourt   la viande
     le poulet

quelques ingrédients (m.)
     le ketchup   le sucre   la mayonnaise
     le sel

quelques fruits (m.)
     un pamplemousse   une banane   une orange
            une cerise   une poire
            une fraise   une pomme

quelques légumes (m.)
     des haricots verts   une carotte   une salade *(lettuce)*
     des petits pois   une pomme de terre   une tomate

les boissons (f.)
     le jus de pomme   le lait   l'eau (f.)
     le jus d'orange   le thé glacé   l'eau minérale

COMMUNICATIVE EXPRESSIONS AND THEMATIC VOCABULARY

VOCABULARY *(continued)*

Verbs and expressions used with foods and beverages

je veux	acheter
je voudrais	avoir
	boire
voici	manger
voilà	mettre
il y a	prendre

Some irregular verbs

devoir	apprendre	connaître	dire
pouvoir	comprendre		décrire
vouloir	prendre	boire	écrire

Verbs used to describe interpersonal relationships

aider
amener
connaître } quelqu'un
inviter

apporter
dire
demander
donner } quelque chose à quelqu'un
écrire
montrer
prêter

parler
rendre visite
répondre } à quelqu'un
téléphoner

UNITÉ 9